Nas pegadas do Mestre

Vinícius

Nas pegadas do Mestre

Folhas esparsas dedicadas aos que têm fome e sede de justiça

✸✸✸

"Ninguém pode pôr outro fundamento além daquele que já está posto: Jesus Cristo."
Paulo

Copyright © 1933 by
FEDERAÇÃO ESPÍRITA BRASILEIRA – FEB

12ª edição – Impressão pequenas tiragens – 3/2025

ISBN 978-85-7328-619-9

Todos os direitos reservados. Nenhuma parte desta publicação pode ser reproduzida, armazenada ou transmitida, total ou parcialmente, por quaisquer métodos ou processos, sem autorização do detentor do *copyright*.

FEDERAÇÃO ESPÍRITA BRASILEIRA – FEB
SGAN 603 – Conjunto F – Avenida L2 Norte
70830-106 – Brasília (DF) – Brasil
www.febeditora.com.br
editorial@febnet.org.br
+55 61 2101 6161

Pedidos de livros à FEB
Comercial
Tel.: (61) 2101 6161 – comercial@febnet.org.br

Adquirindo esta obra, você está colaborando com as ações de assistência e promoção social da FEB e com o Movimento Espírita na divulgação do Evangelho de Jesus à luz do Espiritismo.

Dados Internacionais de Catalogação na Publicação (CIP)
(Federação Espírita Brasileira – Biblioteca de Obras Raras)

V785p   Vinícius, 1878–1966

Nas pegadas do mestre: folhas esparsas dedicadas aos que têm fome e sede de justiça / Vinícius. – 12.ed. – Impressão pequenas tiragens – Brasília: FEB, 2025.

420 p.; 21cm – (Coleção Vinícius)

ISBN 978-85-7328-619-9

1. Jesus Cristo – Interpretações espíritas. 2. Espiritismo. I. Federação Espírita Brasileira. II. Título. III. Coleção.

CDD 133.9
CDU 133.7
CDE 20.03.00

Sumário

A título de prefácio 11
Origem do Cristianismo 13
Sursum corda 17
A virtude 21
Seara espiritual 23
O pródigo e o egoísta 25
Por que será? 29
Pai nosso 31
O sonho de Lutero 35
O pesadelo de Loiola 37
Quem são meus irmãos? 39
Pecado sem perdão 43
Pai! perdoa-lhes... 45
A Samaritana 47
Os verdadeiros cristãos 49
O estribilho fatal 53
A força do direito 57
O leproso samaritano 59
O Filho do Homem 63

Três grandes símbolos	65
A verdade	67
A força positiva	69
Ser, e não parecer	71
Imperialismo e Cristianismo	73
A derrocada do Materialismo	75
A figueira estéril	79
Credo	83
Justiça e misericórdia	87
Equilíbrio e harmonia	89
Flagelos da Humanidade	93
O Céu de Jesus	95
Por que malsinar o mundo?	99
O semeador	103
O destino da Criação	105
A palavra da Vida	107
O Calvário e o Tabor	109
Valor imperecível	113
Eugenia e Religião	115
Os sinais dos tempos	117
Exaltados e humildes	119
Nosce te ipsum	121
Trigo e palha	123
Amor e paixão	125
O crime de Jesus	127
Querer é poder?	129

O verdadeiro holocausto	131
O lento suicídio	133
Pensamentos	135
Últimos que serão primeiros	137
Evolucionismo	141
Renovemos nossa mente	145
Vinde a mim	149
O problema da orfandade	153
As três cruzes	157
O Filho de Deus	159
O grão de trigo	161
Consolador	165
Reflexões	167
Quase irredutível	169
As virtudes do Céu	171
Rezar e orar	173
Alfa e ômega	175
Patriotismo	177
Culto à virtude	179
Proêmio do Evangelho	183
Cristo na arte e no coração	185
Imagem viva de Jesus	189
Socialismo cristão	193
Crer ou não crer	197
Lázaro e o rico	201
Dignidade e orgulho	205

Tirai a pedra 209
O álcool 211
A atração da cruz 213
Mestre e Salvador 215
O pão da vida 219
A missão de Jesus 223
O verbo amar 227
A porta estreita 231
Fiat lux 233
A família de Jesus 237
Involução e evolução 241
Ressurreição 243
O juízo final 245
O sal da Terra 249
A Igreja viva 253
Provas externas e internas 255
Oração do Natal 259
A soberania do amor 261
O Cristo redivivo 263
Não temais 267
O óbolo da viúva 271
Democracia cristã 273
Suprema medida 275
A vida e a morte 277
Roma ou Jesus? 281
A transfiguração 283

O Dia dos Mortos	285
Sigamo-lo	289
A religião de Jesus	291
Julgamento macabro	293
O Anticristo	295
Alegria de viver	301
O crente	305
O ímpio	307
Quantidade e qualidade	309
Caráter	311
Jesus e a História	313
Mãe	315
O Verbo divino	317
As três afirmativas do Cristo	321
O sangue do Cristo	323
Marta e Maria	327
A Paixão do Cristo	331
Nem frio nem quente	333
O Belo	337
A justiça humana e a Justiça Divina	339
A música e o coração	345
A túnica inconsútil	347
Higiene da alma	349
Horrores da guerra	351
Com quem convivemos?	355
Res, non verba	359

Atitudes definidas 363
Gigantes e pigmeus 367
Comunismo cristão 371
A vida verdadeira 375
Amor e egoísmo 377
A maior das solidões 379
Surge et ambula! 381
Evolução 385
Salvar é educar 387
Fiel e infiel 389
O nosso Deus 391
Olhos bons e olhos maus 393
Ricos e pobres 397
O bom senso 399
Criaturas ou filhos de Deus? 403
A Lei e a Graça 405
A Letra e o Espírito 409
Cinzas 413

A título de prefácio

Se há obras que, de todo, dispensem qualquer prefácio, serão sem dúvida as que a pena constantemente inspirada de Vinícius produz. Assim pensamos, porque, para nós, não haverá, no seio da grande família espírita brasileira, entre os seus membros afeiçoados ao estudo da doutrina que professam, nenhum que já se não haja deleitado com as elucubrações desse operoso exegeta das letras evangélicas, e que, tendo-se enlevado em meditá-las, realçadas pela limpidez de comentários que lhes varam o âmago dos ensinamentos sublimes, não sinta o vivo desejo de experimentar novamente o gozo espiritual de uma leitura, em que se lhe depara como que encantador e progressivo desvendamento de mistérios, a transportar a alma para as célicas regiões do lídimo amor cristão.

Mas, se assim é, por que e para que as presentes linhas colocadas à guisa de prefácio neste volume, em que Vinícius empreende levar os seus irmãos da Terra a conhecer a ventura de andar nas pegadas do Mestre?

Para não perdermos o ensejo, que se nos oferecia com o ser o mesmo volume editado agora pela Federação, de apresentar ao fecundo escritor espírita que o elaborou um expressivo testemunho do nosso altíssimo apreço à sua colaboração, preciosa sempre, na explanação de todos os assuntos doutrinários. Para, principalmente, deixar assinalada aqui a nossa admiração pela continuidade do seu esforço, sempre feliz, no evidenciar, interpretando à luz da Doutrina dos Espíritos os Evangelhos, trecho a trecho, que, antes e acima de tudo, o Espiritismo é como a própria Doutrina Cristã, na sua pureza divinal.

Escrevemo-las, também, a fim de dizer, com absoluta sinceridade, a todo aquele que se disponha a ler o volume colocado sob suas vistas, que dado lhe será, perlustrando--lhe as páginas, olvidar por inteiro as pequenezes sem conta do pequenino mundo que lhe serve de presídio temporário, deslumbrando pelo descobrimento gradual das veredas luminosas que as pegadas do Mestre balizaram, e por isso as únicas que, através da plena Espiritualidade, conduzem à bem-aventurança do seu Reino celestial.

E como, necessariamente, palmilhando-as, irá o leitor bondoso, cheio de gratidão, ao caminheiro esclarecido que lhe tomou a frente para lhas apontar, ditoso nos sentiremos se acontecer tenhamos sido quem o haja feito, por esta singelíssima apresentação, seguir-lhe os passos de pioneiro incansável e, assim, pleno de satisfação, a ambos saudamos em nome do Mestre divino.

G. R.

Origem do Cristianismo

Vendo Deus os homens se hostilizarem numa vida de egoísmo — uns amontoando haveres, outros sucumbindo rotos e famintos, uns governando como tiranos, outros obedecendo como escravos —, chamou Jesus, e disse-lhe: "Filho bem-amado; vai à Terra, e dize àquela gente que eles todos são irmãos, filhos meus, criados por mim, que tenho reservado a todos igual destino. Ensina-lhes que minha Lei é amor. Esforça-te por fazê-los compreender essa lei; exemplifica-a do melhor modo possível, ainda mesmo com sacrifício de tua parte. Quero, faço empenho que o egoísmo desmedido, que impera no coração do homem, seja substituído pelo amor. Sei que isto é difícil, que vai custar muito, mas não importa: minha vontade é essa. Tu serás a encarnação do meu verbo. Falarás aos homens, instruí-los-ás no conhecimento desta verdade. Eu serei contigo".

Jesus, filho dileto e obediente, ouviu a palavra do Pai, saturou-se dela, e, compenetrado da missão que recebera, veio ao mundo.

Nasceu num estábulo, para mostrar em que desprezo tinha as estultas vaidades deste meio.

Cresceu, fez-se homem, e deu início ao cumprimento da ordem recebida. Começou a instruir a Humanidade. Pregava nas praças públicas, nas praias do mar, nas ruas, onde quer que se reunisse o povo. Percorria cidades, vilas e aldeias, anunciando e exemplificando a lei do amor.

Dizia, dentre outras coisas: "Homens: vós sois irmãos; amai-vos mutuamente; pois em tal se resume a única e verdadeira religião. A vossa sociedade está dividida; há entre vós separações profundas. Uns dispõem do poder com tirania; outros se submetem como servos. O grande oprime o pequeno. O fraco é esmagado pelo forte. Para os ricos, todas as regalias, todos os privilégios; para os pobres, trabalhos e angústias. Tendes concentrado toda a vossa aspiração na posse da terra com seus bens. O egoísmo domina-vos. É necessário que vos reformeis. A existência, que ora fruís no mundo, passa como uma sombra, é apenas uma oportunidade que o Pai vos concede para conquistardes o futuro brilhante que Ele vos reserva. Aspirai pois, de preferência, aos bens espirituais, que *o ladrão não rouba, e a traça não rói*. Tal é a vontade do Pai. Vós o adorais com os lábios, mas não o fazeis com o coração. Deus é espírito, e neste caráter deve ser compreendido. Ele não está encarcerado nos templos de pedra como supõem os judeus em Jerusalém, e os samaritanos em Garezim; mas, espírito que é, Ele se manifesta a todos que invocam seu nome com fé, permanecendo em seu mandamento. A estes, Deus procura para seus adoradores. Os ritos e cerimônias são coisas vãs, inventadas pelos homens".

E enquanto assim ia falando, Jesus curava toda a sorte de enfermos que encontrava, inclusive leprosos, cegos de nascença e paralíticos. E tudo fazia por amor; não recebia nenhuma paga pelos benefícios que prodigamente distribuía.

O povo escutava-o com avidez, sorvendo a largos haustos as boas-novas que ele anunciava; pois, até então, jamais alguém pregara semelhante doutrina de amor e de igual-dade. Grande era já o número dos que o seguiam e propagavam seus feitos.

O clero e as autoridades começaram a inquietar-se vendo na doutrina de Jesus um perigo para as instituições vigentes, e particularmente para os privilégios que desfrutavam os representantes do Estado e da Igreja.

Os dois poderes — o temporal e o espiritual — resolveram agir em defesa de seus mútuos interesses seriamente ameaçados. Trataram, desde logo, de prender Jesus. Antes, porém, de o fazer, prepararam o ânimo do povo, dizendo: "O Nazareno é um impostor, inimigo da Igreja e de César. Todos os prodígios que faz é por influência de Belzebu. É um blasfemo, um herege, que nem sequer guarda a tradição de nossos pais, legada por Moisés".

Sugestionado o povo ignaro, restava consumar-se o delito. Prenderam o Enviado de Deus, e levaram-no ao Sinédrio.

Ali, os sacerdotes o interrogaram, e acerbamente o acusaram. Jesus calara. "É indispensável que morra", concluíram por unanimidade. "Levemo-lo a Pilatos para que ele, na qualidade de representante de César, lavre a sentença." E conduziram-no, sob chufas e apupadas, até o palácio do preposto de César. Pilatos recebeu a embaixada, e interpelou o pseudocriminoso. Achou-o inocente. Voltando-se então para os seus acusadores, disse: "Não vejo neste homem crime algum. Proponho que seja absolvido".

— Nunca! — bradaram em coro os sacerdotes, os escribas e os fariseus. — Preferimos perdoar a Barrabás, o homicida. Quanto ao Nazareno, queremos que seja crucificado. É amotinador, é blasfemo, é endemoninhado, é louco; cura doentes de graça; nivela senhores e escravos, nobres e plebeus; diz que se deve renunciar às riquezas, que todos os homens são filhos de Deus, e que a religião é amor.

— Mas eu não vejo nele crime algum — obtemperou o Procônsul romano.

— Se não crucificares o Nazareno — retrucou o poviléu, instigado pelos sacerdotes —, não és amigo de César, pois só a ele temos como rei, e Jesus se diz rei. Lavra a sentença; do contrário apelamos para César.

Pilatos, acobardado pela ameaça, entregou Jesus para ser crucificado. E crucificaram-no, ladeado por ladrões.

Antes, porém, de Jesus exalar o derradeiro suspiro, voltou-se para umas mulheres piedosas, e alguns discípulos fiéis, que choravam ao pé da cruz, e disse:

— Não vos entristeçais; eu não vos deixarei órfãos, mas voltarei a vós. — E, levantando os olhos para o céu, acrescentou: — Pai, cumpri o teu mandato. Fui até o sacrifício. Traguei, até a última gota, o cálice da amargura. Os homens deste mundo são maus, contudo, eu imploro para eles o teu perdão, porque também são ignorantes: não sabem o que fazem. Julgam que podem contrariar os teus desígnios executando-me, a mim, que fui o intérprete de tua palavra. Eu sei que Tu farás prevalecer a tua soberana vontade. E continuarei ao teu lado, agindo sob teu influxo, e, comigo, aqueles que Tu me deste.

"Assim, mais dia menos dia, a Luz vencerá as trevas, a liberdade se oporá à escravidão, a justiça destronará a tirania, e, ao reinado do egoísmo, sucederá o reinado do amor. Passarão o céu e a terra, mas a tua palavra não passará. Recebe, Pai, o meu espírito".

Sursum corda*

"Desde os dias de João Batista até agora, o Reino dos Céus é tomado à força, e os violentos são os que o conquistam."

(MATEUS, 11:12.)

O Reino dos Céus é dos fortes. Os abúlicos, os pusilânimes e os covardes jamais o alcançarão. Sua posse depende de uma porfiada conquista. A obra da salvação é obra de educação. Educar é desenvolver os poderes latentes do espírito, dentre os quais sobressai a Vontade. É com o poder da Vontade que se alcança o Céu. "A Vontade", disse um eminente educador, "é a força principal do caráter, é, numa palavra, o próprio homem." Tomás de Aquino, interpelado por certa senhora de alta sociedade sobre o que se fazia preciso para ganhar o Céu, respondeu: "Querer".

A maioria dos erros que cometemos são atos de fraqueza moral. Os vícios dominam-nos, a cólera arrebata-nos, o ciúme consome-nos, a ambição perturba-nos, o orgulho cega-nos, o egoísmo envilece-nos. Dissimulamos a cada passo, abafando a verdade, preterindo a justiça, pactuando com a iniqüidade. E tudo por quê? — por fraqueza.

---

*Coração ao alto.

Uma vontade frouxa, deseducada, é a causa dos fracassos, dos desapontamentos, das quedas e das humilhações por que passamos na trajetória da existência. O Reino dos Céus há de ser tomado à força. É o único caso em que a violência se justifica. Sem energia de vontade não se doma a animalidade que nos degrada, não se sobe a simbólica escada de Jacó. Sem coragem moral não se abraça a verdade, nem se vive segundo a justiça.

O *Apocalipse* (3:15, 16 e 21), em sua linguagem parabólica, diz: "Não és frio, nem quente, oxalá fosses frio ou quente: És morno, por isso estou para te vomitar de minha boca. Ao vencedor, fá-lo-ei coluna no santuário do meu Deus".

O *morno* é o fraco, é o tíbio, o indeciso, o medroso, que não sabe porfiar, que foge espavorido das lutas e das pelejas.

Jesus disse aos seus discípulos:

— Ide. Eu vos envio como ovelhas no meio de lobos.

Ele queria, portanto, homens resolutos, dispostos a enfrentar obstáculos e a conjurar perigos. A ovelha no meio da alcatéia corre risco iminente. E o Mestre aponta e salienta esse perigo ordenando peremptoriamente: "Ide". Referindo-se ao caminho da salvação, disse que esse caminho é estreito como estreita é a porta que lhe dá acesso. Para melhor elucidar o caso, acrescenta: "Quem quiser ser meu discípulo, renuncie a tudo, inclusive à própria vida, tome sua cruz e siga-me". (*Mateus*, 16:24; *Marcos*, 8:34; *Lucas*, 9:23.)

Os dizeres acima não dão margem a mal-entendidos. Eles exprimem clara e positivamente que, para ser cristão, o homem precisa tornar-se forte, corajoso, intrépido. E o Mestre o exemplificou dando perfeito testemunho, na sua vida terrena, de integridade de caráter, de valor moral e de intrepidez.

Ninguém me convence de pecado. — Eu venci o mundo. — Seja o teu falar sim, sim; não, não. Não temais os homens. — Sede perfeitos como vosso Pai celestial é perfeito — são frases de um Espírito forte e valoroso. A expulsão dos vendilhões do templo, dadas as condições e o meio em que se operou, foi mais do que um ato de coragem moral, foi um cartel de desafio atirado pelo Mestre a uma horda de inimigos ferozes e poderosos.

O homem atual carece de valor moral.

O parasitismo crescente comprova tal asserção. Atravessamos uma época de crise de energia. Não de *energia elétrica*, como clama a imprensa de nossos dias, mas de energia moral, de coragem cívica, de inteireza de caráter. Semelhante crise é de consequências gravíssimas para a Humanidade. A crise de *energia elétrica* acarreta males relativos e sanáveis, enquanto a crise de energia moral, se não for conjurada, trará a dissolução social, determinará um verdadeiro cataclismo mundial.

Salvar é educar. O Reino dos Céus é conquista dos fortes. Eduquemos a vontade libertando nosso espírito da ignominiosa servidão, do negregado cativeiro do vício e das paixões.

Imaginar a salvação fora da autoeducação de nossas almas é utopia dogmática incompatível com a atualidade.

Salvemos o mundo, salvando-nos a nós mesmos.

SURSUM CORDA!

A virtude

A virtude não é veste de gala para ser envergada em dias e horas solenes. Ela deve ser nosso traje habitual. A virtude precisa fazer parte de nossa vida, como alimento que ingerimos cotidianamente, como o ar que respiramos a todo instante.

A virtude não é para ostentação: é para uso comum. É falsa a virtude que aparece para os de fora, e não se verifica para os familiares. Quem não é virtuoso dentro do seu lar, não o será na vida pública, embora assim aparente. Ser delicado e afável na sociedade, deixando de manter esses pre-dicados em família, não é ser virtuoso, mas hipócrita. A virtude não tem duas faces, uma interna, outra externa: ela é integral, é perfeita sob todos os aspectos e prismas. Não há virtude privada e virtude pública: a virtude é uma e a mesma, em toda parte.

O hábito da virtude, quando real, reflete-se em todos os nossos atos, do mais simples ao mais complexo, como o sangue que circula por todo corpo.

As conjunturas difíceis, as emergências perigosas não alteram a virtude quando ela já constitui nosso modo habitual de vida.

A virtude assume as modalidades necessárias para se opor a todos os males, sem prejuízo de sua integridade. Há um matiz para resolver cada caso, para se opor a cada vício, para vencer cada paixão, para enfrentar cada incidente; mas sempre, no fundo, é a mesma virtude. Ela é como a luz, que, iluminando, resolve de vez todos os obstáculos e tropeços, franqueando-nos o caminho. O hábito da virtude é fruto de uma porfiada conquista. Possuí-la é suave e doce. Praticá-la é fonte perene de infindos prazeres. A dificuldade não está no exercício da virtude, mas na oposição que lhe faz o vício, que com ela contrasta. É necessário destronar um elemento, para que o outro impere. O vício não cede o lugar sem luta. A virtude nos diz: eis-me aqui, recebei-me, dai-me guarida em vosso coração; mas lembrai-vos de que, entre mim e o vício, existe absoluta incompatibilidade. Não podeis servir a dois senhores.

A verdadeira religião é a da virtude. Fora da virtude não há salvação. "Vós sois o sal da Terra", disse Jesus aos seus discípulos. (*Mateus*, 5:13.) Se ele hoje viesse ao mundo reunir seus escolhidos, não se valeria certamente das denominações e títulos dos vários credos religiosos para os distinguir; a virtude seria o sinal inconfundível por onde os descobriria, por mais dispersos e disfarçados que estivessem.

É pela virtude que as almas se irmanam entretecendo entre si liames indissolúveis. Os homens de virtude entendem-se num momento, ao passo que os séculos não são suficientes para firmar acordo entre aqueles que dela vivem divorciados.

Propaguemos a religião da virtude: só ela satisfaz o senso da vida, conduzindo o espírito à realização dos seus destinos.

Seara espiritual

"Dizeis vós que ainda há quatro meses para a ceifa? eu, porém, vos digo: Erguei os vossos olhos e contemplai esses campos, que já estão branquejando próximos da ceifa. E o que ceifa, recebe galardão, e ajunta fruto para a vida eterna, para que assim o que semeia, como o que sega, juntamente se regozijem. Pois nisto é verdadeiro o provérbio, que um é o que semeia e outro o que sega."

(JOÃO, 4:35 a 37.)

No campo espiritual a época da sementeira é, a seu turno, a época da sega. Semear e ceifar são tarefas que se rea- lizam simultaneamente. Não há estações exclusivas para semear ou para ceifar. Em todas elas se espalham as sementes, e em todas elas se recolhem as messes. O que semeia num tempo recolhe as primícias de outros tempos. Na lavoura espiritual a solidariedade é lei inelutável. Não há obreiros cujo mister consista exclusivamente em semear ou em ceifar. O que semeia colhe, e o que colhe semeia. O que sega alegra-se na colheita cuja sementeira foi trabalho de outrem; por isso ele semeia também, a fim de que outros recolham o fruto dos labores. Trabalho e justiça, justiça e amor.

Os tempos são sempre chegados. A hora vem, e agora é. Só os ociosos aguardam épocas longínquas, que jamais chegam. Os laboriosos não perdem tempo: os campos branquejam para a colheita, as leiras esperam pela sementeira. Não existe pretérito, não existe futuro; existe o presente eterno convidando o Espírito ao trabalho. Todos são capazes, todos são aptos: é bastante querer. O chamado persiste, a seara é incomensurável.

A geração atual goza, em todo o sentido, de uma grande soma de benefícios, de comodidades e direitos que, em seu conjunto, representa o esforço, a luta e o sacrifício de gerações passadas. O presente é a consequência do pretérito, assim como o futuro será a resultante do presente. Em matéria de liberdade, fruímos hoje as conquistas dos mártires de outrora, que pela liberdade se sacrificaram. É certo que ainda perduram os vestígios da tirania e do despotismo de outras eras. Cumpre, portanto, trabalharmos por extingui-los totalmente, preparando para os vindouros um mundo melhor, onde a liberdade e a justiça sejam soberanas.

É ilícito receber e não dar. O egoísmo é contraproducente; quem ceifa contrai a obrigação de semear. Demais, para quem semeamos? Para quem será o mundo melhor, o mundo escoimado de iniquidades, de hipocrisias, de vícios e de crimes? Para quem estaremos preparando a *Nova Jerusalém*, a terra onde há de habitar a justiça? Tudo fazemos para nós mesmos; pois as gerações que se sucedem no cenário terreno somos nós próprios, são os nossos filhos, os nossos irmãos, os objetos do nosso amor. Nossa existência passa como sombra; "somos de ontem, e ignoramo-lo"!

Nada de egoísmo, pois; nada de ócios infindáveis. Obreiros da vinha do Senhor! mãos à obra; semeai e colhei, porque na seara espiritual todas as estações são próprias, todas as épocas são favoráveis, todos os tempos são bons, tanto para semear como para colher.

A hora vem, e agora é.

O pródigo e o egoísta

O Pai, atendendo aos reclamos do filho mais moço, repartiu seus haveres entre ele e o seu irmão mais velho.

O Pródigo, logo após, esbanja a parte que lhe toca, numa vida dissoluta, passando da riqueza à miséria. Abatido e humilhado, o Pródigo reconhece-se o único culpado de sua imensa desventura. Arrependido, procura a casa paterna que outrora abandonara fascinado pelo arrebatamento de incontidas paixões. O Pai, ao vê-lo de volta, corre pressuroso ao seu encontro, abraça-o com grande júbilo, e recebe-o ruidosa e festivamente.

O Egoísta, que havia conservado intactos os bens recebidos, mostra-se magoado com a atitude generosa do Pai e, protestando, dirige-lhe a seguinte observação: "Eu permaneci sempre contigo, tenho intacta a herança que me coube; não obstante, jamais promoveste qualquer festividade em minha honra, enquanto esse teu filho, boêmio e dissipador, mereceu esplêndido banquete festejando seu regresso". Retruca o Pai: "É certo que não dissipaste os bens herdados; mas, por isso, nada sofreste, ao passo que teu irmão suportou todos os reveses e torturas originários dos erros que cometeu. Hoje, sábio pela experiência adquirida; virtuoso, pelo sofrimento suportado; puro, graças ao batismo de fogo, que recebeu através do cadinho da dor;

regressa ele ao lar paterno, mansão de todos os filhos, qual perdido, então encontrado, qual morto, então redivivo. É um ato de justiça, portanto, a expansão de amor com que o acolhi".

Os dois irmãos representam a Humanidade. O *Pródigo* é a fiel imagem dos pecadores cujas faltas transparecem, ressaltam logo à primeira vista. Semelhantes transviados deixam-se arrastar ao sabor das voluptuosidades, como barcos que vogam à mercê das ondas, sem leme e sem bússola. Sabem que são pecadores, estão cônscios das imperfeições próprias e, comumente, ostentam para os que têm olhos de ver, de permeio com as graves falhas de seus caracteres, apreciáveis virtudes. E assim permanecem, até que o aguilhão da dor os desperte.

O filho mais velho, o *Egoísta*, é a perfeita encarnação dos pecadores que se julgam isentos de culpa, protótipos de virtudes, únicos herdeiros das bem-aventuranças eternas, pelo fato de se haverem abstido do mal. São os orgulhosos, os exclusivistas, os sectários que se apartam dos demais para não se contaminarem, como faziam os fariseus. A soberba não lhes permite conceber a unidade do destino. O *Pródigo*, a seu ver, deve ser excluído do lar. Não veem ligação alguma de solidariedade entre os membros da família humana. Quando se referem ao *Pródigo*, dizem: "Esse *teu* filho". (*Lucas*, 15:30.) Descreem da reabilitação dos culpados. Só podem ver a sociedade sob seus aspectos de camadas diversas, camadas inconfundíveis. Imaginam-se no alto, e os demais embaixo.

O mal do *Egoísta* é muito mais profundo, está muito mais radicado que o do *Pródigo*. Este tem qualidades ao lado dos defeitos. Aquele não tem vícios, mas igualmente não tem virtudes. É o *Ladrão da cruz* e o *Moço de qualidade*: aquele penetra os arcanos celestiais, este fica excluído. O *Egoísta* não esbanja os dons: esconde-os, como o avarento esconde as moedas. Não mata, porém é incapaz de arriscar um fio de cabelo para salvar alguém. Não rouba, mas também não dá. Não jura falso, mas não se abalança ao mais ligeiro incômodo na defesa dum inocente. Seus atos e atitudes são invariavelmente negativos.

Tais pecadores acham-se, por isso, mais longe de Deus que os demais, apesar das aparências denunciarem o contrário. E a prova está em que as íntimas simpatias, de todos que leem a Parábola, se inclinam para o *Pródigo*, num movimento natural e espontâneo. É a escolha do coração; e o coração, muitas vezes, julga melhor que a razão.

Por que será?

Por que será que o *Filho pródigo* é uma figura tão simpática apesar da sua vida pecaminosa, enquanto o irmão é quase repulsivo, a despeito da prudência com que sempre se houve no lar paterno, donde jamais se apartou? Onde o motivo dessa inclinação de todos os corações pelo dissipador da herança, pelo perdulário que desce pela encosta dos vícios até a mais negra miséria?

A razão é esta: O *Pródigo* pecou, sofreu, amou. A dor despertou-lhe os sentimentos, iluminou-lhe a consciência, converteu-o. A humildade, essa virtude que levanta os decaídos e engrandece os pequeninos, exaltou-o, apagando todas as máculas do seu espírito, então redimido. O bem sobrepuja o mal: uma só virtude destrói o efeito de muitos vícios. "A caridade", diz Pedro, "cobre uma multidão de pecados." (*I Pedro*, 4:8.)

Depois, nós, pecadores confessos, vemos, na vida do *Pródigo*, a nossa própria história.

Sua epopéia é a nossa esperança. Eis por que com ele tanto simpatizamos.

E por que nutrimos sentimentos opostos a respeito de seu irmão? Porque é a personificação do egoísmo. O egoísta insula-se de todos pela influência de seus próprios pensamentos. É orgulhoso, é sectário. Separa-se dos demais porque se julga perfeito. Jacta-se intimamente em não alimentar vícios, mas nenhuma virtude, além da abstenção do mal, nele se descobre. É um cristalizado: não suporta as consequências dos desvarios, mas não goza os prazeres da virtude. Sua conversão é mais difícil que a de qualquer outra espécie de pecadores. A presunção oblitera-lhe o entendimento, ofusca-lhe as ideias. Imaginando-se às portas do Céu, dista ainda dele um abismo.

Supõe-se um iluminado, e não passa de um cego. A propósito desse gênero de cegueira, disse o mesmo autor da parábola, em cuja trama figuram o *Pródigo* e o *Egoísta*: "Graças te dou, meu Pai, porque escondeste as tuas verdades dos grandes e prudentes, e as revelaste aos inscientes e pequeninos".

Finalmente: nós nos inclinamos para o *Pródigo*, e desdenhamos o seu irmão, porque escrito está: Aquele que se exalta será humilhado, e aquele que se humilha será exaltado. Tal é a lei a que nosso coração espontaneamente obedece.

Pai nosso

> "Portanto, disse Jesus, orai vós deste modo: Pai nosso que estais nos Céus."
>
> (MATEUS, 6:9.)

Uma das originalidades do Cristianismo está na concepção de Deus como Pai. Nenhum outro, além de Jesus, apresentara a divindade sob aquele prisma. Este fato, à primeira vista banal, é, no entanto, da mais subida importância.

Graças a essa denominação dada a Deus pelo seu Messias, podemos saber hoje, com certeza, onde está o Cristianismo dentre os credos diversos, que se dizem portadores da genuína moral cristã.

O Paganismo, atribuindo aos seus deuses interferência direta em todos os acontecimentos que se davam na Terra, fazia deles os juízos mais temerários.

O Judaísmo via em Jeová o rei absolutista e cioso; o Senhor onipotente, cujo zelo inexcedível premiava ou punia, até a quinta geração; o chefe supremo e invisível, que, do Alto, comandava os exércitos de Israel, assegurando-lhes a vitória sobre seus inimigos.

Jesus mudou completamente esse falso conceito, apresentando Deus aos apóstolos como o Pai de todos os homens. Foi uma verdadeira revelação, dadas as ilações que daí decorrem.

Os reis regem vassalos; os senhores dominam escravos; os generais comandam soldados. Escravos, vassalos e soldados são indivíduos passivos, sem vontade própria, dos quais se exige obediência cega. Tal condição, gerando a subserviência e o servilismo, degrada e avilta os caracteres.

O Pai dirige e orienta os filhos, criados à sua imagem e semelhança, como seres livres, apelando para as suas faculdades espirituais.

Escravos, vassalos e soldados são explorados e escorchados pelos seus dominadores.

Os filhos são queridos pelos pais, que, à sua felicidade, tudo sacrificaram.

Para escravos, vassalos e soldados, não existe liberdade nem direitos: somente deveres. O melhor escravo é o mais servil; o melhor vassalo é o mais submisso; o melhor soldado é o mais passivo.

Aos filhos, o pai concede todos os direitos: o uso do seu nome, a herança dos seus bens.

O rei e o senhor têm seus favoritos aos quais concedem privilégios.

Para os pais não há filhos proscritos: amam a todos com igualdade. Ao enfermo da alma ou do corpo se voltam suas preferências, porque o coração lhes diz que é esse o mais dependente da sua misericórdia.

Escravos, soldados e vassalos são castigados severa e abruptamente quando se insurgem contra o despotismo, ou quando transgridem ordens recebidas. A punição lhes é infligida a fim de os acobardar, para que jamais se sublevem, ou deixem de obedecer.

O pai nunca pune os filhos que erram: corrige-os, perdoando sempre. Do punir ao corrigir medeia um abismo. Quem pune humilha para submeter. Quem corrige aperfeiçoa para libertar.

Os reis e os senhores são temidos: só os pais são amados.

Escravos, vassalos e soldados obedecem a fórmulas especiais, vazadas nos moldes da bajulação e da sabujice, quando fazem suas súplicas e petições. Os filhos usam para com os pais linguagem simples e familiar, como se vê na oração dominical.

Da paternidade de Deus decorre a fraternidade e a igualdade dos homens. Sem igualdade não há justiça; sem fraternidade não há misericórdia.

Da ideia de Deus, como rei e como senhor, se origina a vassalagem e a hipocrisia, ou então a revolta e a descrença.

Onde, na atualidade, o credo que sustenta, à luz da razão e da lógica, os atributos de Deus como Pai da Humanidade? — Com esse está o espírito do Cristianismo.

O sonho de Lutero

Conta-se que, certa vez, Lutero sonhara. Achava-se nos umbrais dos tabernáculos eternos. Interrogou então, sofregamente, o anjo ali de guarda:

— Estão aí os protestantes?

— Não; aqui não se encontra um protestante sequer.

— Que me dizes?! Os protestantes não alcançaram a salvação mediante o sangue de Cristo?!

— Já lhe disse, e repito: não há aqui protestantes.

— Então, será que aqui estejam os católicos-romanos, os membros daquela Igreja que abjurei?

— Tampouco conhecemos aqui os filhos dessa Igreja; não existe aqui romanos.

— Estarão, quem sabe, os partidários de Maomé ou de Buda?

— Não estão, nem uns nem outros.

— Dar-se-á, acaso, que o Céu se encontre desabi- tado?

— Tal não acontece. Incontáveis são os habitantes da casa do Pai, ocupando todas as suas múltiplas moradas.

— Dize-me, então, depressa: quem são os que se salvam, e a que Igreja pertencem na Terra?

— A todas e a nenhuma. Aqui não se cogita de denominações nem de dogmas. Os que se salvam são os que visitam as viúvas e os órfãos em suas aflições, guardando-se isentos da corrupção do século. Os que se salvam são os que procuram aperfeiçoar-se, corrigindo-se dos seus defeitos, renascendo todos os dias para uma vida melhor. Os que se salvam são os que amam o próximo, e renunciam ao mundo, com suas fascinações. Os que se salvam são os que porfiam, transitando pelo caminho estreito, juncado de espinhos: o caminho do dever. Os que se salvam são os que obedecem à voz da consciência, e não aos reclamos do interesse. Os que se salvam são os que trabalham pela causa da Justiça e da Verdade, que é a *Causa Universal,* e não pelo engrandecimento de causas regionais, de determinadas agremiações com títulos e rótulos religiosos. Os que se salvam são os que aspiram à glória de Deus, ao bem comum, à felicidade coletiva. Os que se salvam...

— Basta! — atalhou Lutero. — Já compreendo tudo: preciso voltar à Terra e introduzir certa *reforma* na Reforma.

***

Não sabemos se, de fato, é verdadeiro este sonho atribuído ao ex-frade agostinho. Contudo, é o caso de dizermos: se ele não sonhou isso, devia ter sonhado.

Que se edifiquem nas palavras do anjo os espíritas e também os teosofistas com sua terminologia *agreste*; pois, se Lutero não indagou sobre os tais, é porque na época do sonho não existiam aquelas denominações. Se existissem, certamente o anjo teria dito delas o mesmo que disse das demais.

O pesadelo de Loiola

Certa vez, quando o fundador da *Companhia* se achava absorto naquela ideia fixa, que tanto o obcecava, de conquistar o mundo, caiu numa sonolência profunda, e teve um pesadelo. Viu-se, sem saber como, às portas do *Inferno*. Guardava a entrada do *Hades* luzido demônio, de chavelhos retorcidos e cauda eriçada, terminando em penacho. O *Geral* interpela-o:

— Estão aí os hereges e os ímpios, padecendo a justa punição que merecem?

— Enganai-vos. Os ímpios e hereges converteram-se e alcançaram a salvação.

— Ah! já sei; estão aí os homicidas, os ladrões, os incendiários, os bandidos?

— Não estão. Purificaram-se no cadinho da dor, onde expiaram seus crimes; estão salvos.

— Compreendo agora. Acham-se sob os domínios de *Satã* os perjuros, os tiranos que oprimiram os povos, os ricos avarentos que menosprezaram a pobreza, os sátiros e os políticos profissionais.

— Ainda não acertastes. Todos esses pecadores encontraram na sentença — "quem com ferro fere, com ferro será ferido" — o seu meio de reabilitação. Foram redimidos, passando pelo que fizeram passar os outros.

— Nesse caso, o *Inferno* não passa de um mito. Uma vez que ninguém é condenado, o *Hades* não é mais que uma ficção cujo prestígio, fundado em mera fantasia, acabará desaparecendo, pondo assim o valor da *Companhia* em perigo?

— Errastes ainda uma vez. O *Inferno*, cujos portais com ufania guardo e defendo, é uma realidade. Há muita gente cá dentro. Quereis saber quem são os condenados? São os hipócritas, os falsos mentores do povo que mercadejavam com a religião, abusando da credulidade dos pequenos e corrompendo a consciência dos grandes. São os *mercadores do Templo*, os traficantes da fé, os que devoravam as casas das viúvas e dos órfãos a pretexto de oração. São os embrutecedores da razão, os piratas do pensamento, os inimigos da verdade. São, finalmente, aqueles que outrora, num brado colérico e rouquenho, clamavam a Pilatos: "Solta Barrabás! Crucifica Jesus Cristo!".

— Apre! Que horrível pesadelo! Esta só lembra ao diabo! — disse Loiola, erguendo-se, espavorido; pois escutava ainda o eco longínquo daquele vozerio, que exigia a crucificação do Filho de Deus.

Quem são meus irmãos?

> "*Enquanto Jesus ainda falava, achavam-se da parte de fora sua mãe e seus irmãos procurando falar-lhe. Alguém então lhe disse: 'Tua mãe e teus irmãos procuram falar-te'. Mas Ele respondeu: 'Quem é minha mãe, e quem são meus irmãos?'. E estendendo a mão para os discípulos, exclamou: 'Eis minha mãe e meus irmãos! Porque todo aquele que ouve a palavra de Deus, e a põe em prática, esse é meu irmão, minha irmã e minha mãe'.*"
>
> (MATEUS, 12:46 a 50.)

A palavra falada, ou escrita, compõe-se de dois elementos: forma e fundo; ou sejam: corpo e espírito.

A linguagem de Jesus é toda espiritual. Quem quiser compreendê-lo deve buscar sempre o sentido de seus dizeres sob prisma puramente espiritual. Ele serviu-se da forma, empregando-a para designar pensamentos transcendentes, dos quais a forma, em si mesma, não pode dar uma ideia precisa e clara. Temos necessidade de ir além da forma, isto é, de desprezar a letra, a vestimenta da sua linguagem, buscando o espírito. Só este é capaz de nos fazer penetrar a mente e o coração do Mestre.

Críticos, que se ativeram à letra, viram certa irreverência na resposta que Ele dera quando procurado pela sua família.

"Quem é minha mãe? Quem são meus irmãos?" Estas interpelações devem ser consideradas espiritual, e não materialmente.

Será mãe a mulher que enjeita o filho, abandonando-o em um portal qualquer?

Será mãe a mulher que mercadeja os atrativos físicos de sua filha? Será mãe a mulher que estrangula o filho para esconder o fruto de seu opróbrio?

Certamente que não.

Maternidade é dedicação, é desvelo, são cuidados e sacrifícios que a mulher generosamente despende em prol da infância, no desempenho da nobilíssima missão de que se acha revestida. Maternidade é manifestação do amor. Amar é pôr em prática a suprema Lei Divina, da qual Jesus foi o maior expoente na Terra.

Quem são meus irmãos? Serão os que se portam com indiferença para comigo?

Serão os que me desprezam, me aborrecem e me hostilizam? Positivamente não.

Meus irmãos são aqueles que se interessam por mim, que são solidários comigo no prazer como na dor, na abundância como na miséria, na saúde como na enfermidade. São aqueles que compartilham das minhas alegrias e das minhas aflições, que comigo riem e comigo choram. Numa palavra: meus irmãos são os que me amam, pouco importando sermos ou não filhos dos mesmos pais.

Os laços de sangue são uma contingência de momento; rompem-se com a morte. São apenas um meio para atingir um fim: a ligação espiritual, indestrutível, eterna.

Irmão, portanto, é também expressão daquele mesmo sentimento que caracteriza a verdadeira mãe: amor. Onde não há amor, não há irmãos. Ninguém pode ser irmão de outrem sem o amar. E quem ama está pondo em execução o mandamento primacial corporificado em Jesus Cristo.

Ao presente solilóquio: "Quem são meus irmãos?" (*Mateus*, 12:48; *Marcos*, 3:33), retrucaremos com o Mestre: "Meus irmãos são os que ouvem e põem em prática a palavra de Deus".

Pecado sem perdão

> "*Todo pecado e blasfêmia serão perdoados aos homens; mas o pecado contra o Espírito Santo não lhes será perdoado, nem neste mundo, nem no vindouro.*"
>
> (MATEUS, 12:31 e 32.)

Das palavras acima transcritas, outrora dirigidas por Jesus aos fariseus, concluímos que existem duas categorias de pecados: uma que faz jus a perdão, outra que não o faz.

Vejamos como distingui-las.

Que é pecado? — Pecado é toda infração à Lei de Deus. Essa Lei é perfeita, é integral; abrange a verdade em sua plenitude, a suprema razão, a infinita justiça.

O homem, ser relativo, não é passível de culpa pelas infrações da Lei senão daquela parte que conhece. Sua responsabilidade é medida pela extensão exata do saber adquirido. "A quem muito tem sido dado, muito será pedido." (*Lucas*, 12:48.)

Todo pecado, cometido na ignorância da Lei, será, portanto, perdoado ao homem.

Toda a falta, porém, praticada com conhecimento de causa, constitui pecado sem perdão.

Estará, então, o pecador irremediavelmente perdido consoante o dogma das penas eternas? De modo algum.

Pecado que não tem perdão é pecado que deve ser reparado, é dívida contraída cujo pagamento será exigido. Está visto que, uma vez pago o derradeiro ceitil, o devedor ficará isento de ônus.

Por que classifica Jesus tal pecado como praticado contra o Espírito Santo? Porque importa em atos reprovados pela consciência. Não nos referimos à consciência na acepção psicológica, porém, no seu sentido moral, esse testemunho íntimo ou julgamento sobre nossas próprias ações e pensamentos por mais secretos que sejam. Através dessa faculdade de nossa alma é que se refletem os raios da soberana justiça. A Lei manifesta-se ali palpitante e viva, dilatando os horizontes de nossa liberdade espiritual, e, ao mesmo tempo, aumentando nossa responsabilidade.

"Aos Espíritos do Senhor, que são as virtudes do Céu", compete agir sobre as consciências, despertando-as para o conhecimento da verdadeira Vida. Toda vez, pois, que o homem recalcitra contra a influência dos mensageiros celestes, peca contra o Espírito Santo, visto como peca contra a luz de sua própria consciência. Semelhante culpa não tem perdão; exige reparação, quer neste mundo, quer no vindouro.

Criamos, por conseguinte, em nós mesmos, nosso céu ou nosso *Hades*. Gravamos em nosso astral, em caracteres indeléveis, toda a história de nossa vida através das múltiplas existências transcorridas, aqui ou além. Nossa responsabilidade é rigorosa e escrupulosamente aquilatada pela Lei, segundo o nosso grau de adiantamento intelectual e moral. A Lei é uma força viva que se identifica conosco e vai acompanhando o surto de evolução que ela mesma imprime em nosso espírito. É insofismável em seus juízos, é inalienável em suas consequências.

Pai! perdoa-lhes...

Quando o sangue do Redentor, exigido pelo interesse das classes parasitárias, borrifou a face de algozes postados ao pé da cruz, a alma do Eterno vibrou flamejante de cólera no seio do Infinito.

Então, o Deus que expulsou Adão e Eva do Paraíso, privando-os das delícias do Éden por motivo de uma desobediência; o Deus que amaldiçoou o fratricida Caim, condenando-o à erraticidade; o Deus que mergulhou o mundo nas águas do dilúvio, exterminando a geração corrompida dos primeiros tempos; o Deus que mandou fogo abrasador sobre Sodoma e Gomorra, para punir a licenciosidade dos seus habitantes; o Deus que sepultou na voragem o exército do Faraó, quando perseguia Israel foragido; o Deus que arrasou os campos do Egito, enviando sete terríveis pragas para dobrar a cerviz daquela orgulhosa nação; o Deus que aniquilou as hordas dos filisteus, quando em luta com os filhos do povo eleito; o Deus que imprimiu direção à funda de Davi, abatendo o gigante Golias; o Deus que milagrosamente injetou novos vigores nos músculos flácidos de Sansão, para abater o templo gentio sobre os idólatras ali reunidos; o Deus forte e zeloso, cognominado *Senhor dos Exércitos*, que punia os pecadores até a quinta geração com desusada severidade; o Deus cuja voz remedava o soturno ribombo do trovão, e cuja presença era precedida de relâmpagos e coriscos que incendiaram as sarças do Sinai; o Deus onipotente, terrível em suas vinditas, ao ver o sangue do seu Unigênito, alçou a destra, e ia ordenar ao anjo do extermínio que extinguisse para sempre a Humanidade perversa e má, assassina de seu Filho, quando o olhar sereno de Jesus a Ele se alçou, partindo ao mesmo tempo dos seus augustos lábios já lívidos e trêmulos pela aproximação da morte a seguinte súplica: "Pai, perdoa-lhes, porque não sabem o que fazem". (*Lucas*, 23:34.)

O Pai quedou-se. A destra, então alçada, pendeu inerte; e, desde esse momento, a onipotência de Deus, que até ali se ostentara pela força, começou a manifestar-se pelo amor.

NOTA DA EDITORA: Convém observar, nesta página do nobre evangelizador Vinícius, sua intenção de salientar, alegoricamente, o conceito de DIVINDADE, antes e depois de Jesus. Antes dele, o Deus Vingador e irado dos antigos; depois dele, o Deus Pai, de amor, justiça e misericórdia.

A Samaritana

"Se conhecesses o dom de Deus, e quem é que te diz: Dá-me de beber, tu, antes, lhe terias pedido, e ele te haveria dado água-viva."

(João, 4:10.)

A Humanidade, em sua maioria, acha-se nas condições da Samaritana: só tem bebido água de cisterna.

Essa espécie de água é a fiel imagem da fé sectária, dogmática, que herdamos dos nossos antepassados, tal como à Samaritana sucedera. Os homens bebem-na de há longo tempo, mas nunca se sentem satisfeitos.

O número de cisternas tem-se multiplicado; a linfa é distribuída largamente; todos bebem, e todos permanecem sedentos. Por mais que encareçam seu valor e prestígio, por mais que apregoem suas propriedades refrigerantes e salutares, ela nunca sacia a sede ardente que confrange os corações. E assim iludida tem vivido a Humanidade: bebendo sempre, e, todavia, sempre sedenta.

Mas "a hora vem, e agora é" (*João*, 4:23), em que a água viva, de que falara o Rabino, está sendo ministrada aos homens de boa vontade, sem distinção de raça, classe ou credo. É o dom de Deus, a doutrina do amor, a fé lúcida e vívida exemplificada pelo Verbo Divino. Quem bebe dessa água jamais tem sede; e, mais ainda: vê brotar de si mesmo uma fonte límpida e pura, manando para a vida eterna, sempre fresca, e sempre nascente, graças à renovação do Espírito que a alimenta.

Só a religião do amor refrigera o coração. Não há outro manancial fora do amor, onde nosso Espírito encontre novidade sempiterna de vibrações consoante requer sua natureza imortal. Na vida do Espírito, como na do corpo, uma lei impera imutável: a da renovação. O amor nunca enfada, porque nunca envelhece. Nele não há monotonia possível, porque seus aspectos são infinitos. Só por meio dele podemos satisfazer os anseios de nossa alma, podemos realizar as aspirações de nosso Espírito.

A religião do amor é a religião da revelação. Permanece em novidade de vida.

Os que a professam entram em comunhão com o Infinito. As revelações que dali fluem, agindo no interior de nossas almas, refluem em fontes inexauríveis, manando para a eternidade.

Os verdadeiros cristãos

> "*Disse, então, Jesus, aos judeus que nele creram: 'Se vós permanecerdes nas minhas palavras, verdadeiramente sereis meus discípulos...'.*"
>
> (João, 8:31.)

Há crer e crer. Os demônios criam: criam, mas não praticavam; criam, mas não se convertiam. O templo cristão é uma escola. Aquele que se limita a admirar-lhe a fachada, contornando-o ou permanecendo no vestíbulo, não sabe o que é essa escola; ignora e ignorará tudo o que ali é ensinado.

O Cristianismo é uma doutrina que precisa ser apreendida e ser sentida. Estuda-se sua ética mais com o coração que com a inteligência. Aquele que não sente em si mesmo a influência da moral cristã desconhece o que ela é, embora tenha perfeito conhecimento teórico de todos os seus preceitos e postulados. O coração registra emoções: nossos atos, nossa conduta geram as emoções. O Cristianismo é a verdadeira doutrina positiva, visto como é a doutrina da prova e da experiência pessoal.

Ninguém saberá o que significa — *amai vossos inimigos, fazei bem aos que vos fazem mal* — (Mateus, 5:44), enquanto não escoimar seu interior de toda a odiosidade, de todo o sentimento de rancor. "Bem-aventurados os que choram, porque eles serão consolados" (*Mateus*, 5:4) — Quem pode saber o valor desta beatitude senão aquele cujas lágrimas de arrependimento ou de dor o conduziram aos pés da cruz? "Vinde a mim, vós todos, que vos aliviarei." (*Mateus*, 11:28.) Estas palavras não têm sentido para os epicuristas, para os felizes do século, para os ricos e para os poderosos da Terra. Mas os pobres, os pequeninos, os sofredores sabem perfeitamente, por experiência, quanto elas valem e o que significam. "Aquele que não abre mão de tudo quanto tem, não pode ser meu discípulo." (*Lucas*, 14:33.) Semelhante expressão é loucura para o onzenário, para o banqueiro, para o homem de negócio, para todos os argentários do mundo. Porém, é um programa para quem já descobriu outra espécie de riqueza: a que "o ladrão não rouba e a traça não rói".

"Recebei o Espírito Santo" — que juízo poderão fazer desta dádiva os que ainda não a receberam? Definirão o caso de mil formas, jamais, porém, conhecerão do fenômeno enquanto não o experimentarem em si mesmos. Teólogos eminentes, ilustrados e eruditos, têm escrito coisas sem nexo quando se reportam ao assunto. Por quê? Porque do caso conhecem pela mente, mas o ignoram de coração. Daí o dizer de Paulo: "Só o homem espiritual entende o que é espiritual".

Jesus não foi teólogo nem sacerdote. A Teologia, tal como ensinam as religiões, tem confundido muitos crentes, tem dividido e subdividido o rebanho do Cristo, sem jamais levar consolo a um só coração.

Na fé de Jesus Cristo não há confusão. Sua túnica era inconsútil: uma só peça. Sua doutrina é integral; e só podemos conhecê-la seguindo as pegadas do Senhor, que é a sua personificação. Jesus é um mestre cuja escola é Ele mesmo.

Por isso, deixou de escrever, não legou livro algum à Humanidade que veio remir. O Cristianismo não se reduz a teorias: é luz, é verdade, é vida.

O homem é conversível. Jesus veio promover sua conversão anunciando o *Evangelho* antes que existisse qualquer livro ou manuscrito com essa designação. O *Evangelho* é uma mensagem que convida os homens para o Reino de Deus. Para alcançá-lo, porém, é mister uma condição: *converter-se*. *Converter* significa mudar de vida, deixar o caminho velho e tomar rota nova, pois o homem tem vivido no reino da carne, da mentira e do egoísmo; e o Reino de Deus é precisamente o oposto, isto é, o Reino do Espírito da Verdade e do Amor.

Cristãos verdadeiros, portanto, são somente aqueles que se reformam continuadamente. Este é o cunho que os distingue dos falsos crentes, dos cristãos de fancaria e de rotulagem.

O estribilho fatal

É muito comum ouvirmos, aqui e acolá, este estribilho: "Se eu fosse rico, bem sei o que faria: ao pé de mim jamais haveria necessitados. Mas, sou pobre, nada posso fazer".

"Se eu tivesse instrução, se soubesse falar, discorrer com acerto e precisão, defenderia com denodo e coragem a causa do Bem e do Direito, da Verdade e da Justiça. Mas, não tenho saber algum, vi-me impossibilitado, por isto ou por aquilo, de estudar e de me instruir; portanto, que posso fazer?"

"Se eu fosse médico, ocupar-me-ia de preferência em atender com carinho e solicitude aos enfermos pobres, esses desfavorecidos da fortuna, que vivem desprezados, e sucumbem inúmeras vezes à míngua de assistência. Mas, não sei curar, ignoro de todo a ciência de Esculápio, que hei de fazer?"

"Se eu ocupasse posição saliente na sociedade, se tivesse prestígio perante os que governam, muitas iniquidades eu saberia evitar, muitos abusos saberia prevenir; mas não tenho influência alguma, que posso, logo, fazer?"

"Se eu dispusesse de tempo, ocupar-me-ia das coisas espirituais. Procuraria educar, desenvolver as faculdades de meu espírito. Investigaria o campo infinito do ignoto; e, de todos os conhecimentos que conquistasse, faria coparticipantes o maior número possível de pessoas. Mas, infelizmente, não tenho tempo!"

"Se eu fosse industrial ou comerciante, tornaria os operários e caixeiros em meus interessados; mas, ai de mim! vivo lutando pela vida."

"Se eu fosse profeta — alega ainda um derradeiro —, procederia com o máximo escrúpulo, obraria prodígios em benefício da Humanidade."

E onde iríamos parar se continuássemos a declinar o enfadonho estribilho da condicional — "se eu fosse", "se eu tivesse"?

Por que será que todos se julgam deslocados, quando se reportam à prática do bem, ao cumprimento do dever moral? Por que não tem o rico vontade de socorrer os pobres? Por que não se compadecem os médicos dos enfermos indigentes? E o homem culto, por que não pugna pelos ideais elevados e nobres, dando-lhes o melhor de sua inteligência e saber? E o industrial e o comerciante prósperos, por que não interessam em seus gordos lucros os operários e auxiliares honestos e diligentes? E o profeta, por que desdenha e avilta o dom que o Céu lhe outorga? Por que todos querem fazer o que não podem, e deixar de fazer o que podem? Por que não faz cada um o bem onde está, e como se acha? Por que enxergam o dever alheio, e não veem o seu próprio dever? Por que pretendem alterar a ordem que o destino de cada um tem estabelecido? Por que lamentam com *jeremiadas* "o não fazer" por "não poder", quando descuram da-quilo que podem e devem fazer? Porventura Deus vai julgar o homem pelo que ele deixou de fazer por não poder, ou antes o julgará por aquilo que deixou de fazer podendo fazê-lo? Que nos importa, pois, o que não podemos fazer? Antes o que nos importa, e muito, é o que podemos fazer. Portanto, antes de nos lamentarmos do que não podemos fazer, façamos, desde logo, o que podemos, seja lá o que for. E a verdade é que todos podem alguma coisa, muita coisa mesmo, desde que queiram. As lamúrias são filhas do subterfúgio, do sofisma, da má vontade, do egoísmo numa palavra.

O dever de cada um é o dever simples, é o dever imediato. Faça cada um o que pode e o que deve, no momento. Ulteriormente, à medida que lhe seja possível, fará o mais e o melhor.

Há pais que abandonam seus lares e seus filhos, e andam pregando moral às massas. Insensatos! pretendem fazer o mais sem fazer o menos. Pretendem atingir o dever longínquo, antes de haverem cumprido o dever imediato.

Evangelizadores há que pretendem doutrinar homens e Espíritos, sem curar dos seus próprios defeitos. Loucos! querem aperfeiçoar a outrem sem primeiramente se aperfeiçoarem a si mesmos. Querem dar antes de possuir.

Tal como somos e como estamos, cumpramos o dever conforme ele se nos vai apresentando na ocasião, segundo as luzes de nossa consciência, espelho fiel onde a justiça indefectível de Deus se reflete.

Abaixo os fatais estribilhos: "Se eu fosse" e "Se eu tivesse!".

A força do direito

É admirável que neste século, que sucedeu ao chamado *das luzes*, perdure ainda acintosamente o direito da força sobrepondo-se à força do direito.

Não quero falar da guerra cruenta, brutal, feroz. Quero referir-me ao prestígio da força sob outro aspecto: a maioria.

A cada passo invoca-se o prestígio da maioria para coonestar as maiores iniquidades.

Que é a tal maioria? É o número, é a quantidade. Mas, se a justiça, como sói acontecer comumente, não está com a maioria, será lícito sacrificar-se o direito à imposição do maior número? Nesse caso, para que servem as leis, os códigos, as constituições, que, segundo dizem, regem as nações cultas? Em que diferem essas nações das tribos selvagens de outrora? Como estas, não decidem, hoje, as nações civilizadas, os problemas e questões sociais, apelando para o número, que é a força, em detrimento do direito assegurado pelas leis? Onde o valor de tais leis, se elas são constantemente invalidadas pelo número, pela quantidade que representa a força?

A diferença, pois, entre a sociedade atual e as hordas selvagens é, neste particular, haver-se substituído a brutalidade do ataque pela manobra da hipocrisia. Há vantagem na troca? Poupam-se vidas, mas destroem-se brios, desfibram-se caracteres, corrompem-se consciências.

É o que vemos na atualidade. Não há mais homens: há vassalos, há servos, há escravos. Ninguém mais tem opinião própria. O objetivo de toda a gente é acompanhar a maioria; é engrossar o número; o número é a força, e a força é que domina.

O ideal desapareceu. O ideal é a justiça; o ideal é a verdade. Verdade e justiça foram vencidas pelo número. O número aumenta sempre. Quando a criança entra no uso da razão, já sabe, graças à influência do meio, que é uma unidade que será adicionada à massa de que se compõe a maioria. Não se deve opor a esse processo de absorção. Reagir é incompatibilizar-se com a força. Cumpre, portanto, deixar-se amatalotar com os passivos para viver comodamente.

Assim querem os césares de casaca e de batina. A falsa fé, aliada à falsa política, vai abastardando o caráter do povo. Os costumes vão se corrompendo. A lei da passividade é imposta das catedrais e dos palácios. *Perinde ac cadaver* [Agir como um cadáver] é a ordem do dia.

A Igreja está separada do Estado, pela letra da Constituição. Não obstante, o clero romano domina as casas pias subvencionadas, benze espadas, reza *De profundis* à custa do erário, recebe vultosas somas dos cofres da nação sob pretextos inconfessáveis. Todos esses abusos são explicados como sendo essa a vontade da maioria.

E quando se esbulham os candidatos eleitos por maioria de votos? É porque assim quer outra *maioria maior*: o governo, a força armada.

Quem nos livrará de tão ignóbil situação? Quem acordará as consciências? Quem despertará o brio deste povo? O Cristianismo verdadeiro, a moral impertérrita do Ressuscitado, daquele que dizia aos seus discípulos: "Vós sois o sal da terra".

Só essa moral conseguirá, penetrando os corações, sobrepor, ao direito da força, a força do direito.

O leproso samaritano

"De caminho para Jerusalém, Jesus encontrou-se na estrada com dez leprosos, os quais dirigindo-se a Ele clamaram em altas vozes: 'Jesus, Mestre, tem compaixão de nós'. Jesus, atendendo-os, retrucou: 'Ide mostrar-vos aos sacerdotes'. E em caminho ficaram limpos. Um deles que era samaritano, vendo-se curado, voltou, dando glória a Deus em voz alta, e prostrou-se com o rosto em terra aos pés de Jesus, agradecendo-lhe. Perguntou, então, o Senhor: 'Não ficaram limpos os dez? Onde os outros nove? Não se achou quem viesse dar glória a Deus, senão este estrangeiro?'. E disse ao homem: 'Levanta-te e vai; tua fé te salvou'."

(Lucas, 17:11 a 19.)

Como se explica o fato de a cura destes leprosos ter despertado precisamente no samaritano, tido como herege, um avivamento íntimo que não se produziu nos demais? Por que não ficaram os nove judeus possuídos do mesmo entusiasmo, do mesmo ardor sagrado, que invadiu o coração do samaritano? Por que não vieram, como ele, transbordantes de júbilo, render graças ao seu benfeitor? Não receberam, acaso, o mesmo benefício? Por que não experimentaram, como era natural, necessidade de se expandirem em demonstrações positivas de gratidão, sentimento este, tão nobre e tão belo? "Qual a razão desta razão?" Encontramos a resposta na qualidade da fé alimentada pelos leprosos. A dos nove judeus era a fé falseada em sua natureza, adstrita aos dogmas e às ordenanças duma igreja sectária.

A fé pura não se amolda às veleidades e aos preconceitos dos homens. Não se deixa, igualmente, encarcerar entre os acanhados âmbitos dos credos exclusivistas. Como potência, como força viva que é, requer expansão, requer liberdade. Só no imensurável ela vive e medra. Pretender cercear-lhe o curso é rematada insânia. Não será, jamais, o homem que há de influir sobre a fé: é a fé que há de influir sobre o homem, renovando-o continuamente.

A fé, como o amor, é livre e irredutível. Dizei ao rouxinol que não cante; ao Sol que não ilumine nem aqueça; às chuvas que não fecundem a terra; às ondas do mar que se aquietem e repousem; ao vento que não sussurre; à flor que não exale seus perfumes; talvez sejais obedecidos. Porém, jamais ordeneis ao coração que não ame, ou que o faça apenas dentro de limites fixados; ele nunca vos obedecerá, porque o coração foi criado para o amor, e o amor é poder, é força inexaurível que se expande no infinito. Nada embargará seus passos.

Com a fé sucede o mesmo: ela é filha do amor. Do amor se originam todas as virtudes. Encarcerar a fé, nos mesquinhos limites dum credo, é vão tentame: jamais ela se deixará aprisionar. A fé é força, e, como tal, é ativa. Ela transforma e reforma o homem promovendo sua ascensão para estágios sempre mais elevados. É a fé que desperta os sentimentos, que avigora a vontade, que sustenta a razão, que purifica a mente. Daí, o dizer de Jesus ao samaritano humilde, em cujo coração verificara a existência da preciosa graça divina: "A tua fé te salvou". (*Lucas*, 17:19.) Salvou, sim, porque ela fez desabrochar na alma do samaritano o valor, a alegria sã, a gratidão. Jamais aquele homem se apartaria daquela força sideral; estava com ela, era dele porque ele se lhe havia entregado, sem restrições.

Sua ação, dali em diante, orientar-se-ia por essa luz do Céu que é a fé. Não seria mais autômato como os escravos do dogma. Agiria livremente, ao influxo da mesma liberdade. Por isso, enquanto os nove sectários demandavam, maquinalmente, o templo e os sacerdotes, para se desobrigarem dum preceito ritualístico, o samaritano recebia o aplauso valioso do Divino Mestre, que se comprazia em o louvar.

Diante da lição eloquente deste soberbo episódio, cumpre imitarmos o leproso samaritano. Cultivemos, portanto, a fé, e não *uma fé*. Identifiquemo-nos com a religião, e não com *uma religião*. Pertençamos à Igreja, e não a *uma igreja*. Seja o nosso culto, o da verdade, o da justiça, o do amor.

É tal o que Jesus ensina e exemplifica em seu santo *Evangelho*.

O Filho do Homem

Deus em tudo se manifesta, em tudo se revela. A Vida, através da criação infinita, o reflete, em suas modalidades sem-fim.

Contudo, há gradações variadíssimas nessas manifestações. O homem, rei da Criação, no que respeita às obras deste mundo, oferece tonalidades múltiplas da manifestação da Divindade. A *Bíblia* diz que ele foi criado à imagem e semelhança de Deus: e diz uma verdade. No entanto, essa imagem se ostenta mais ou menos positiva, mais ou menos fiel, segundo o estado moral de cada um de nós.

A alma humana pode ser comparada a um espelho cuja face refletirá a imagem de Deus tanto melhor quanto mais polida e cristalina for.

Jesus é a manifestação mais perfeita de Deus que o mundo conhece. Seu espírito puro e amorável permitiu que, por intermédio dele, Deus se fizesse perfeitamente visível à Humanidade. Esse o motivo por que Ele próprio se dizia — Filho de Deus e Filho do Homem.

Três grandes símbolos

"A Lei veio por Moisés, mas a Verdade e a Graça vieram por Jesus Cristo."

(JOÃO, 1:17.)

A Lei é a consciência do delito. Antes da Lei, o homem, sempre que o egoísmo o exigia, tirava a vida ao seu irmão. Matar era um ato de coragem, expressão natural da força, arredando do caminho um empecilho. Após o — não matarás — o assassínio foi tido em conta de pecado.

Como o homicídio, o roubo, o adultério, a cobiça e outras modalidades de faltas e de vícios em que o egoísmo humano costuma expandir-se, foram condenados.

Desde então, sempre que o homem infringe este ou aquele preceito da Lei, torna-se réu consciente. Do delito praticado com pleno conhecimento de causa resulta a responsabilidade e, consequentemente, o sofrimento.

Assim se inicia o processo de regeneração. O homem evita o mal para se eximir à dor, sua legítima consequência.

Após o efeito da Lei, vem a corroboração da Graça. O Consolador manifesta-se agindo nos corações. Sua influência é poderosa e eminentemente reformadora. Sob seu influxo, o homem sente fome e sede de aperfeiçoamento.

Quer subir, quer ascender às regiões da Luz, ao reino da Espiritualidade. Não lhe basta o abster-se do mal: anseia pelo bem. O orvalho do céu fertiliza o coração cujo desejo é produzir frutos. Das virtudes negativas, estatuídas pela Lei, passa às virtudes positivas, geradas pela Graça.

E assim, ora sob a ação da Lei, ora sob a influência da Graça, o Espírito vai realizando o senso da vida, que é a evolução. À medida que ele se eleva, a Lei vai cedendo lugar à Graça, até que esta acaba dominando completamente.

A Lei, portanto, é um freio para coibir o mal. A Graça, um incentivo para promover o bem. A Lei personifica a Justiça; a Graça, a Misericórdia. Aquela corrige; esta aperfeiçoa. A Lei vem primeiro; a Graça, depois. Da Lei o homem se liberta pelo esforço, pela luta contra seus defeitos e imperfeições. A Lei atua até onde termina a esfera humana. A Graça ensaia o voo do Espírito no plano divino, onde o céu não tem mais horizontes.

Jesus é o portador da Graça, porque sua passagem pela Terra assinala a época da difusão do Espírito, consoante estatui a velha profecia de Joel.

No Tabor vemos, transfigurados, Moisés simbolizando a Lei; Elias, os profetas; e Jesus conjugando leis e profecias, como a imagem da Graça, que é a suprema expressão do amor de Deus.

A verdade

A verdade não é aquilo que nos convém, nem o que nos interessa, nem o que nos é afim, nem mesmo aquilo que podemos aceitar com simpatia.

A verdade é o que é: é a realidade viva e crua, consoante a revelação, que os fatos atestam tantas vezes se apele para seu testemunho.

A verdade é, muitas vezes, aquilo que não queremos que seja; aquilo que nos desagrada; aquilo com que antipatizamos; aquilo que nos prejudica o interesse, nos abate e nos humilha; aquilo que nos parece extravagante, e até mesmo aquilo que não cabe em nós.

A verdade não se acomoda ao homem, nem às coisas desta vida. O homem é que se há de acomodar a ela, se a quiser conhecer e possuir.

A verdade é sempre senhora e soberana; jamais se curva; jamais se torce; jamais se amolda.

Quem desconhece a verdade é indigno da mesma verdade, porque só a desconhecem aqueles que a rejeitam. E homens há que tão repetidamente a têm repudiado que acabam por não saber mais o que ela seja, como sucedeu a Pilatos.

A sociedade é composta de Pilatos em sua maioria, originando-se daí as intermináveis controvérsias e querelas em torno das questões claras e simples.

Os homens perderam a noção da verdade; tantas vezes a sacrificaram em prol de seus mesquinhos interesses. Não obstante, o mundo precisa da verdade, e sem ela não pode passar.

Os homens empregam mil engenhos e mil artifícios para sustentar o regime da mentira, cujos proventos imaginam fruir; mas as coisas se vão complicando de tal maneira, que num dado momento não haverá mais engenho nem artifício capaz de suster a falsa situação em que se colocam; tal é a origem das grandes comoções sociais.

A verdade, às vezes, custa tudo o que possuímos. Tal é a interpretação das palavras do grande Mestre da Verdade: "Quem não abre mão de tudo quanto tem, não pode ser meu discípulo".

A força positiva

"Aproximou-se de Jesus um leproso, prostrou-se e disse-lhe: 'Senhor, se quiseres, podes tornar-me limpo'. Jesus, estendendo a mão, retrucou: 'Quero; fica limpo'. No mesmo instante o leproso ficou são."

(MATEUS, 8:2 e 3.)

Nós nos achamos sob a influência de duas forças antagônicas entre si: a positiva e a negativa. Consoante a ação desta ou daquela, sentimo-nos grandes ou pequenos, capazes ou inertes, varonis ou pusilânimes.

A primeira é força construtora, edifica sempre. A segunda é demolidora, destrói fatalmente. Uma gera otimismo; outra engendra pessimismo. Esta nega; aquela afirma. A força positiva congraça, originando ondas simpáticas; a negativa dispersa, dando origem a ondas antipáticas.

A corrente positiva é absoluta, tem sua origem na fonte eterna da Vida: Deus. Sua antagonista é relativa, incerta, dúbia, ora perdendo, ora ganhando intensidade; dimana do homem, de seus defeitos, fraquezas e paixões. Está, por isso, destinada a ser, em dado tempo, aniquilada, visto como age de encontro à harmonia do Universo. Perdura enquanto o homem ignora seus perigos, sua natureza e os meios de a alijar de sua mente e de seu coração. Logo, porém, que lhe seja dado discernir entre a influência dissolvente de uma, e a influência benfazeja de outra, ele deixará de produzir e alimentar a força inimiga, para sorver a largos haustos a energia criadora que tudo vivifica.

Em rigorosa análise, podemos dizer que estas duas forças guardam entre si aquela mesma relação que se verifica entre a Luz e as trevas. Estas não são outra coisa senão a ausência daquela. Não há realidade nas trevas, como também não há na corrente negativa. Contudo, as consequências da falta de Luz, como os efeitos da ausência de força positiva, ocasionam males tremendos.

Ninguém triunfará na vida senão pela força positiva. Nos planos superiores ela domina o ambiente. Nos inferiores é escassa e fugidia, como o clarão dos relâmpagos. Jesus enchia-se de contentamento quando ela se lhe deparava na Terra.

Comprazia-se em acentuar que só através da força positiva lhe era dado exercer sua missão de amor.

O leproso, de que nos fala a passagem acima transcrita, agiu mediante o influxo da força positiva, de que se achava possuído. Seu pedido foi expresso em linguagem categórica e firme: Senhor, *se quiseres, podes* tornar-me limpo. A resposta foi articulada no mesmo tom: *Quero; fica limpo*. A voz do Céu, pela boca do seu legítimo intérprete, não podia vibrar em outro diapasão.

A tua fé te salvou; a tua fé te curou; seja feito segundo tua fé, e outros dizeres semelhantes têm sua explicação no poder dessa energia, na ação inconfundível da força positiva através da qual Jesus Cristo operou os prodígios que maravilharam o mundo.

Ser, e não parecer

Hilário Ribeiro, num dos seus admiráveis livrinhos didáticos, inseriu uma página eloquente cujo título é precisamente aquele que ora nos serve de epígrafe.

Trata-se duma gravura representando um menino, que, de cima duma mesa, diz à sua mãe: "Veja como sou grande". A mãe então retruca: "Meu filho, tu não és, mas apenas pareces grande, graças à altura desse móvel onde te achas: *procura ser, e não parecer*".

Esta lição, que o emérito educador destina às crianças, é de toda a atualidade, mesmo para os adultos.

Se observarmos atentamente o que se passa na sociedade, verificaremos que tudo se faz, não no sentido de *ser*, mas no de *parecer*.

Realmente, quando se trata de qualidades e virtudes, é muito mais fácil simulá-las que adquiri-las. O resultado, porém, é que não é o mesmo.

Daí o transformarem a Religião em acervos de dogmas abstrusos e numa série de determinadas cerimônias que se executam maquinalmente; a Eugenia, em arte dos arrebiques; o Civismo, em toques de caixa e de cornetas, executados por indivíduos trajando uniformes; o Patriotismo, em discursos ocos e plataformas pejadas de falazes promessas, formuladas já com o propósito de se não cumprirem; a Política, finalmente, em processo de explorar o povo.

A Moral, considerada outrora por Sócrates como a ciência por excelência, consiste hoje em acompanhar passivamente a opinião da maioria dominante, com menosprezo, embora, dos mais comezinhos princípios do decoro e da decência.

E, sob tal critério, tudo se agita e se move no afã de aparentar, de simular e de parecer aquilo que devia ser, mas, em realidade, não é.

A propósito, cumpre rememorar as palavras daquele que foi, neste mundo, a personificação da Verdade: "Este povo honra-me com os lábios, mas seu coração está longe de mim. Naquele dia me dirão: 'Senhor! Senhor!' mas eu retrucarei abertamente: 'Não vos conheço; apartai-vos de mim, vós que vivestes na iniquidade e na mentira'". (*Mateus*, 7:23.)

Imperialismo e Cristianismo

Quem pretende conquistar o mundo, mostra com isso não se ter conquistado a si mesmo.

Quando Jesus disse — "Eu venci o mundo" (*João*, 16:33) — exprimiu este pensamento: O mundo não me fascina, não exerce sobre mim nenhuma influência, estou acima de suas tentações.

O ideal de domínio do mundo é a antítese do ideal cristão. O Reino do Cristo não é deste mundo.

O Imperialismo alemão, último vestígio dos Imperialismos pagãos de outrora, ruiu com grande fragor, arrastando outros tantos povos que, igualmente, pretendiam possuir o mundo.

O sonho de poderio e de mando tem desvirtuado os sublimes ideais cristãos toda a vez que o homem pretende empregá-los na expansão de suas desmedidas ambições.

Dizem os credos religiosos imbuídos de Imperialismo: Ganhemos o mundo para Cristo. Entretanto, o Cristo não quer o mundo: quer a regeneração do pecador, quer os nossos corações escoimados de egoísmo, de orgulho e de cobiça. "As aves têm seus ninhos, as raposas têm seus covis, mas o Filho de Deus não tem onde reclinar a cabeça." Os que pretendem, pois, ganhar o mundo, querem-no para si, e não para o Cristo.

A Igreja tem sido o foco do Imperialismo mundial. Ela tem fome e sede de domínio. Semelhante veneno tem empeçonhado povos e nações, que a ela se encostam visando ao mesmo objeto.

O delírio da posse e do domínio incompatibiliza o homem com Deus e com a sua justiça. Todos os meios lhe parecem lícitos para atingir o alvo.

Jesus faz da renúncia o essencial para a admissão em seu apostolado.

Quem alimenta aspirações mundanas de qualquer natureza não pode ser seu discípulo.

O cristão aspira ao bem geral independentemente de estreitas simpatias.

O seu objetivo é servir, e não governar os homens. O império a que ele visa é o império de si mesmo, submetendo-se à lei viva de Deus consoante os ditames de sua consciência. O domínio a que ele, igualmente, aspira é o domínio do seu espírito sobre sua matéria, de sua inteligência e vontade sobre os desejos e arrastamentos de sua natureza inferior. Não quer, em suma, conquistar senão a si próprio.

A derrocada do Materialismo

> *"Ao sair Jesus do templo, em Jerusalém, disseram-lhe seus discípulos: 'Olha, Mestre, que pedras e que edifícios?'. Respondeu-lhes Jesus: 'Vês estes grandes edifícios? Dias virão em que não ficará pedra sobre pedra que não seja derribada'."*
>
> **(Mateus, 24:1 e 2.)**

Geralmente, os homens enchem-se de entusiasmo diante dos grandes e custosos edifícios, e de todas as obras vultosas que afetam os sentidos.

As metrópoles, com suas ruas e praças em constante burburinho, com seus prédios alinhados, ostentando rica e variada arquitetura, com seus monumentos, teatros, templos e jardins, constituem o orgulho das nações.

O Comércio, a Indústria e a Agricultura, como fontes de riqueza, absorvem o que de melhor pode produzir a vontade e a inteligência do homem contemporâneo. O culto às Artes, ao prazer, à moda e à ciência (na parte que diz respeito ao bem-estar físico) representa, a seu turno, a preocupação absorvente dos povos.

E, afinal, que é tudo isso senão chapada materialidade? De que serve todo esse progresso material, desacompanhado do respectivo progresso moral? Onde estão os grandes impérios e as grandes potências que deslumbraram o mundo com seu poderio, com suas riquezas, com suas vastas, opulentas e luxuosas capitais? Onde está a potentíssima Roma dos césares? Onde está a Grécia, berço das Artes, da Filosofia e da cultura física? Onde está o Egito com suas ciências? De todas essas grandezas não existe mais pedra sobre pedra! Tudo ruiu por terra, transformou-se em ruínas, tal como sucedeu no ano 70 à famosa capital dos judeus, cumprindo-se a profecia do Senhor.

Jerusalém é um símbolo. O vaticínio que lhe foi predito estende-se ao mundo inteiro. O deslumbrante progresso material, que o século atual ostenta com tanta jactância, é uma edificação sobre areia. A sorte que o espera é a mesma dos grandes reinos e impérios do passado, que ruíram ao sopro das paixões. A derrocada já teve seu início na conflagração européia. A pedra já se deslocou da montanha. A estátua de Nabucodonosor, cuja cabeça era de ouro, os braços e o peito de prata, o ventre de bronze, as pernas de ferro, e os pés de barro, oscila em sua base instável e movediça.

Tal é o perfeito símile da civilização e do progresso dos povos na hora vigente. O embasamento que sustenta a fachada do mundo atual é falso. Os homens edificaram sobre os alicerces da tirania e das iniqüidades. Não lhes aproveitam os exemplos da História. Fazem como crianças brincando com cubos de madeira: constroem pontes, erguem torres, levantam castelos, que, em seguida, elas próprias destroem, para, de novo, reconstruírem!

Sob os pomposos nomes de comércio e de indústria, exerce-se o monopólio, o açambarcamento, e a apropriação, ocasionando carestia, miséria e fome. O parasitismo prolifera sob várias modalidades. O povo, ludibriado em seus direitos, é sobrecarregado de ônus pesadíssimos. Não há moral, não há justiça, não há liberdade. "Uma só religião", diz Papine, "pratica o mundo de nossos dias: aquela que reconhece a suma trindade: Votan, Mamon e Epicuro, isto é, a Força, que tem por símbolo a Espada, e por templo a Caserna; a Riqueza, que tem por símbolo o ouro, e por templo a Bolsa; e, finalmente, a Carne, que tem por símbolo Vênus, e por templo o Bordel."

Hoje, mais do que nunca, cumpre despertar a Humanidade, chamando-lhe a atenção para as proféticas palavras do incomparável Vidente: "Vês todas essas grandezas do século? Dias virão em que não ficará pedra sobre pedra, que não seja derribada". (*Marcos*, 13:2.)

Os que têm olhos de ver, e ouvidos de ouvir, vejam e ouçam.

A figueira estéril

> *"Um homem tinha uma figueira plantada na sua vinha, e foi buscar fruto nela, e não o achou. Então, disse ao viticultor: 'Há três anos que venho procurar fruto nesta figueira, e não o acho; corta-a; para que está ela ocupando a terra inutilmente?'. Respondeu-lhe o viticultor: 'Senhor, deixa-a por mais este ano, até que eu cave em roda e lhe deite adubo; e, se der fruto, bem está; mas, se não, cortá-la-ás'."*
>
> (LUCAS, 13:6 e 9.)

A verdade central da alegoria acima é a seguinte: ninguém deve, inutilmente, ocupar lugar na sociedade. Estamos na Terra, como as árvores, para produzir frutos. Em tal importa o motivo de nossa encarnação.

Cada indivíduo é uma célula do grande organismo chamado Humanidade; portanto, mister se faz que ele, semelhantemente às células do nosso corpo, desempenhe sua função. O parasitismo consiste em consumir sem produzir. Todos consomem: todos têm obrigação de produzir. Aquele que foge ao cumprimento desse dever é indigno da coletividade de que faz parte.

Falamos, até aqui, de modo geral. Particularizemos. A que fruto se refere a parábola? Assim como as árvores produzem segundo sua espécie e natureza, assim o homem há de produzir frutos distintos daqueles produzidos pelos seres de categoria inferior.

O animal, agindo no círculo estreito de seu gênero, limita-se à luta pela conservação própria. O homem, cujos horizontes se dilatam para muito além desse acanhado ambiente, há de engendrar frutos mais preciosos. O animal vive de sensações; estas, uma vez satisfeitas, dão-lhe o pleno gozo da vida. O homem tem aspirações irrealizáveis neste mundo. Sua porfia, por isso mesmo, é grande e complexa. Nele palpita, além de uma inteligência e de uma vontade, um coração que vive de amor, e uma consciência que aspira à justiça.

O fruto, portanto, que o homem deve apresentar é a melhoria própria, é o aperfeiçoamento do seu caráter, é o desenvolvimento de todos os atributos e faculdades de seu Espírito, de modo que, ao sair deste orbe, se mostre aos olhos de sua consciência — esse juiz impoluto —, melhor do que quando para aqui veio.

E não será, acaso, esse o alvo da verdadeira religião? Que outro objetivo mais elevado poderá ela colimar? Por que, pois, confundir e obscurecer o objetivo da fé, quando o incomparável Mestre no-lo mostra simples em sua estrutura, belo, esplêndido e grandioso em suas consequências?

Particularmente à juventude, cumpre meditar no assunto desta parábola. A doutrina que dela ressalta nada tem de comum com a velha escola religiosa, cujos dogmas caducam e se desfazem ao sopro vigoroso do racionalismo contemporâneo.

A religião que ora ressurge das páginas do *Evangelho* não é a religião da velhice: é a religião forte e varonil dos moços. Tal é a natureza da fé que ela inspira. A figueira do apólogo evangélico era nova. Não se trata dum velho tronco cansado e exausto, mas de uma árvore viçosa e fresca, que nada ainda havia produzido, apesar de se achar em plena época de fertilidade. Isto quer dizer que Jesus apela para a mocidade, pois esse é o estágio de existência em que cumpre estabelecer as bases dum caráter são e íntegro.

O descaso por este apelo do Senhor demanda o emprego de adubos, e o revolvimento da terra em torno da figueira, para que gere figos; isto é, da incúria na obra de nossa evolução nasce a dor, sob aspectos vários e multiformes.

Assim como a charrua rasga as entranhas da terra, cortando fundo, abrindo sulcos, revolvendo a superfície endurecida pela canícula, assim o sofrimento, abalando profundamente o íntimo de nosso ser, desperta a consciência adormecida, acorda a razão, afina os sentimentos.

Como a charrua e os adubos tornam produtiva a árvore estéril, a dor converte as almas frias e egoístas em corações generosos, fecundos em obras de amor.

Credo

Creio em Deus, Criador onisciente e onipotente, Causa Suprema de todas as causas, origem do bem e do belo.

Creio no seu excelso e imutável amor, como atributo principal de seu caráter, como essência que, dele irradiando, gera a Vida, que se ostenta por toda a parte sob múltiplas modalidades, animando o incomensurável cenário do infinito.

Creio na sua justiça indefectível, não como instrumento de punição ou vindita, conforme a dos homens; mas como processo de regeneração, imanente no mesmo delito, estabelecendo de modo absolutamente perfeito, graças a uma organização sapientíssima, todas as normas do direito, todos os princípios da mais rigorosa igualdade.

Creio no seu poder e saber absolutos, cujas provas transcorrem da inalterabilidade e da matemática precisão com que funcionam as leis organizadas para regerem a Criação nos planos físico e moral.

Creio em Jesus Cristo como a encarnação do Verbo divino, compreendendo esse Verbo como a vontade de Deus, a verdade eterna revelada ao mundo.

Creio nas *Escrituras*, contanto que nelas se busque, através da letra que mata, o espírito que vivifica.

Creio no progresso, na evolução, como objeto e alvo da vida, segundo a sentença do Mestre: "Sede perfeitos como Deus, vosso Pai, é perfeito". (*Mateus*, 5:48.)

Creio na salvação, como a liberdade que o *ser* consciente vai adquirindo à proporção que se vai desembaraçando dos vícios, paixões e fraquezas, conforme o ensino do Cristo: "Aquele que comete pecado é escravo do mesmo pecado. A verdade vos libertará". (*João*, 8:34.)

Creio na ressurreição do Espírito, porque, sendo ele imortal e indestrutível, não pode extinguir-se com a morte do corpo, consoante disse Jesus: "Deus não é Deus de mortos: para Ele todos vivem". (*Lucas*, 20:38.)

Creio na solidariedade universal, na comunhão dos fiéis, segundo a súplica do Justo: "Pai, quero que eles sejam um em mim, como eu sou um em ti, na consumação da unidade". (*João*, 17:24.)

Creio num só destino reservado a todos, e cuja realização se dará infalivelmente, no infinito do tempo, conforme se deduz da incomparável odisséia do *Filho Pródigo*.

Creio que o homem não nasce neste ou naquele meio, sob esta ou aquela condição, esta ou aquela vez, pela sua vontade, mas pela vontade de Deus, como ensina o *Evangelho*.

Creio que a existência terrena é uma oportunidade organizada, e concedida por Deus, para o Espírito realizar o objetivo da vida, concitado pelas contingências e conjunturas que o cercam.

Creio nos efeitos do batismo de fogo, e nos efeitos do batismo do Espírito Santo; este como influência do Céu, e aquele como símbolo da dor que purifica os costumes, abate o orgulho e apura os sentimentos.

Creio na "Graça" como auxílio de Deus àqueles que obedecem à seguinte recomendação: "Pedi e dar-se-vos-á; batei e abrir-se-vos-á; procurai e achareis". (*Lucas*, 11:9.)

Creio no *Paraíso* e no *Hades* como condições especialíssimas em que se encontrarão os Espíritos, conforme o estado de suas consciências, pois escrito está: "A cada um será dado segundo as suas obras". (*Mateus*, 16:27.)

Creio na imensidade, na incomensurável vastidão do infinito resplendente de astros, planetas, sóis e mundos, onde palpita a vida num concerto uníssono de cânticos e louvores ao Supremo Senhor do Universo, de acordo com as palavras do Rabino: "Na casa de meu Pai há muitas moradas". (*João*, 14:2.)

Creio, finalmente, que todas as leis e atos emanados de Deus são frutos do seu infinito amor, a serviço de sua insondável inteligência e soberaníssima vontade.

Justiça e misericórdia

A justiça de Deus é a expressão de sua misericórdia. A misericórdia de Deus é a expressão de sua justiça.

Insensato aquele que pretendesse apegar-se a um destes atributos, menosprezando o outro. Em Deus, justiça e misericórdia são elementos que se confundem num todo indissolúvel.

O *Filho Pródigo*, da parábola, foi recebido caridosamente pelo pai, que festejou seu regresso, promovendo um grande banquete. Mas não importará num ato de justiça aquele procedimento do pai? Certamente que sim. O moço estava arrependido após haver suportado, com resignação, as consequências de seus desvarios. Demandava o lar que outrora abandonara. Estava regenerado; havia compreendido e confessara a grandeza de sua culpa. Logo, a atitude do pai, recebendo-o amoravelmente em seus braços, foi um ato de justiça expresso através da sua misericórdia.

Se o pai deixasse de agir precisamente como agiu, não seria justo, porque seria cruel. Sendo, pois, misericordioso, foi também justo. Se, de outra sorte, impedisse de qualquer forma que o *Filho Pródigo* sofresse o efeito natural de seus pecados, não seria misericordioso, porque seria injusto.

O objeto da justiça é a misericórdia; o objeto da misericórdia é a justiça: eis uma grande verdade, por mais paradoxal que, à primeira vista, pareça.

A justiça de Deus tem por fim regenerar o pecador, e, de fato, regenera-o. A lei imutável da causalidade, fazendo fatalmente recair as consequências do mal sobre quem o pratica, acaba incompatibilizando o culpado com a culpa. O pecador convencer-se-á, após amargas experiências, de que toda dor que o fere, e acerbamente o punge, já no físico, já no moral, é fruto de seus atos, é efeito de causas por ele mesmo criadas. Daí o horror que o pecado virá causar-lhe inevitavelmente.

Imaginemos, agora, se Deus houvesse organizado suas leis de modo que somente a misericórdia se exercesse. Qual seria o resultado? O pecado perpetuar-se-ia; e, com isso, o homem jamais se elevaria acima dos vícios e das paixões, tornando-se o eterno escravo destas; jamais poderia ascender na senda do progresso, permanecendo cristalizado na animalidade, que é a vida das sensações. Se tal fora o destino reservado por Deus ao homem, não seria isso a implícita negação de sua misericórdia?

Que benefício poderá haver em evitar a dor, privando ao mesmo tempo o homem da conquista do seu maior bem — a liberdade, o triunfo do espírito sobre a matéria?

Que benefício recebem dos pais esses filhos aos quais tudo foi permitido na época perigosa do desabrochar das paixões? Os pais que assim procedem contribuem para a ruína dos filhos, ao passo que muito bem lhes poderiam ter feito se à misericórdia aliassem a justiça. "Deus é Pai", disse Jesus, o Filho Dileto. Mas é pai cujo caráter é perfeito. Ele quer o bem dos seus filhos, e sabe querê-lo inteligentemente. Por isso é justo, e, ao mesmo tempo, misericordioso. Sua justiça não compromete sua misericórdia, e sua misericórdia não compromete sua justiça.

Equilíbrio e harmonia

Não usar é mais fácil que não abusar. Há mais facilidade em deixarmos os vícios do álcool, do fumo e do jogo, que em regularmos nossa alimentação mantendo-a nos rigorosos limites do necessário.

O objeto dos vícios não constitui inelutável necessidade, ao passo que sem comer ninguém pode viver. Vícios não se regulam: banem-se. A alimentação requer peso e medida. É preciso, portanto, maior soma de esforços neste caso que naquele outro.

Da mesma sorte, é muito mais fácil conformarmo-nos com a pobreza que limitarmos voluntariamente nossas ambições. Em ser pobre pela força de circunstâncias não há mérito algum; enquanto o conservarmo-nos no justo limite de simples independência pecuniária, por vontade própria, sofreando intencionalmente os surtos da ambição, é algo de meritório.

O governo do equilíbrio requer vontade firme, saber, paciência e perseverança. Tais requisitos só se reúnem à custa de esforços e porfias.

O abstêmio acaba perdendo completamente o desejo de beber, de fumar, de joga etc., tornando-se-lhe, por isso, fácil manter-se livre daqueles vícios, uma vez subjugados. Seu poder de resistência não é mais abalado, não é mais excitado, visto como desapareceu nele o hábito contraído, a necessidade fictícia, em tempo sustada.

Precisamente o contrário é o que se dá com a temperança. O comedimento, a medida exata na alimentação, no trabalho, no repouso, na vigília, no sono, no prazer, na aplicação mental, no exercício físico e em tudo o mais que constitui necessidades inalienáveis é de dificílima execução. A linha rigorosa do equilíbrio falseia, oscila como o fiel da balança, precipitando, ora a concha da direita, ora a da esquerda. É a consequência das constantes excitações, reclamando nossa atenção para exigências legítimas de nossa dupla natureza — física e espiritual. Em atender a essas naturais solicitações na proporção precisa, sem excessos nem insuficiências, é que está a magna dificuldade.

Não obstante, é forçoso superá-la, porquanto a saúde, tanto do corpo como do espírito, depende desse justo equilíbrio cuja chave está conosco. A Providência, em sua sabedoria, colocou nas mãos do homem o seu bem e o seu mal, a sua dita e a sua desdita, fazendo-o arquiteto de seus destinos.

Não podemos ser felizes e venturosos enquanto não lograrmos aquele *desideratum*, enquanto não criarmos em nós mesmos essa harmonia que em tudo se verifica na Natureza e em cujos fundamentos repousa a vida do Universo.

O bem-estar físico, ou saúde, prende-se ao fenômeno do metabolismo, que outra coisa não é senão o balanço exato entre a receita e a despesa de nosso organismo.

Os mundos mantêm-se girando em suas respectivas órbitas, graças ao equilíbrio impecável que resulta de suas forças: atração e repulsão. Em tal se resume a maravilhosa mecânica celeste. No macrocosmo como no microcosmo, o segredo está no equilíbrio.

A estabilidade social depende, a seu turno, de uma questão de equilíbrio entre dois fatores: a ordem e o progresso. Ordem demais traz estacionamento. Progresso desmedido gera a anarquia. O concurso de ambos numa justa proporção determina e assegura a marcha regular da evolução.

A própria virtude degenera, deixa de ser virtude, quando lhe falta o equilíbrio. Zelo excessivo é intolerância. Paciência demasiada é indiferentismo. Dignidade em excesso é orgulho. Humildade que a tudo se curva é baixeza, é vilania. Daí o acerto do adágio latino: *In medio virtus*.

Finalmente: tudo na vida é harmonia, e harmonia é equilíbrio. Deus é a suprema harmonia das causas. Ele revela-se no Amor porque o Amor é a majestosa harmonia dos sentimentos apurados, assim como a música é a harmonia dos sons.

Estabeleçamos, pois, a harmonia do nosso *ser*, colocando-o em harmonia com o Infinito: de tal depende a nossa felicidade.

Flagelos da Humanidade

Dinheiro não resolve o problema da miséria.
Drogas não resolvem o problema da enfermidade.
Cadeia não resolve o problema do crime.
Dogmas não resolvem o problema do vício.

A miséria persiste nos centros ricos, ao lado do fausto, das pompas, do luxo. O miserável retorna à miséria ainda que venha a possuir fortuna; permanecerá na indigência mesmo que se lhe ofereça oportunidade de enriquecer.

O doente será doente a despeito das mil e uma drogas que haja ingerido.

O crime pulula em torno dos cárceres.

O vício esvoaça, qual enxame de moscas, em volta dos dogmas.

O motivo é simples: miséria, enfermidade, crime e vício são frutos das trevas. Dinheiro, drogas, cárcere e dogmas não fazem Luz no espírito do homem.

Eduque-se o indigente, o enfermo, o criminoso e o viciado, acendendo em seus corações e em suas mentes a Luz Incomparável da moral evangélica, e ver-se-á que se tornarão ricos, sadios, bons e virtuosos.

Só assim se extinguirão os flagelos da Humanidade.

O Céu de Jesus

O Cristianismo diverge de todas as demais religiões. É fruto de uma revelação contínua, progressiva, eclética, enquanto as outras são concepções humanas, cristalizadas em postulados e fórmulas, cujo valor e prestígio refulgem em dada época, esmaecendo e ofuscando-se depois, à medida que a razão humana vai firmando o seu império.

Jesus é a Luz do mundo. O Cristianismo é um sol que não tem ocaso; acompanha a Humanidade em sua evolução, cujo surto, através dos séculos, determina, regula e promove, mantendo o espírito do homem em constante novidade de vida.

O Céu de Jesus Cristo é diferente de todos os outros Céus. Nada tem de comum com os Campos Elísios dos gregos, nem com o Nirvana dos hindus, nem com o seio de Abraão dos judeus, nem com a mansão dos privilegiados da graça, nem com os tabernáculos de beatitude inerme, cujas portas se abrem mercê de cerimônias mercantilizadas.

O Céu de Jesus Cristo é um campo de ação, e um teatro de atividade, é um meio onde a vida se ostenta sob aspectos cada vez mais intensos.

E, por ser assim, ele o compara, em seu *Evangelho*, com a semente e com o fermento. A semente contém em seu âmago fortes energias latentes, que só aguardam ocasião propícia para entrar em ação. O fermento, a seu turno, é uma força condensada que leveda, que põe em atividade a massa em cujo seio é introduzida, determinando seu crescimento. A semente e o fermento são, pois, imagens, de potências ocultas, de poderes latentes, tal como se verifica no espírito do homem.

O Céu de Jesus é o reinado do Espírito, é o estado da alma livre, que, emancipando-se do cativeiro animal, ergue altaneiro voo sem encontrar mais obstáculos ou peias que a restrinjam.

Jesus assemelhou também o Céu à parábola dos talentos (moedas), onde figura certo senhorio afazendado, distribuindo entre seus servos, consoante a capacidade de cada um, determinadas importâncias em dinheiro. Decorrido algum tempo, o senhor chama esses servos à prestação de contas. Eles atendem, apresentando o fruto dos seus labores.

O que havia recebido dez moedas entrega vinte, sendo as outras dez o produto do emprego dado ao capital recebido. O que recebeu cinco e o que recebeu duas moedas fizeram o mesmo.

Aquele, porém, que havia recebido uma só, trouxe-a desacompanhada de lucro, alegando incompetência e receio de a pôr em giro. O senhor louva o proceder dos primeiros, prometendo confiar-lhes, oportunamente, maiores somas; e censura o último pela sua negligência e ociosidade.

Tal a ideia do Céu, que o Filho de Deus nos dá, nesse apólogo, e em outros congêneres. Semelhante Céu, como se vê, é o contraste dos outros Céus, visto como, longe de ser a região da inércia, da estagnação e da beatitude passiva, é um meio de ação, de atividade franca, de porfia acirrada na conquista dum bem maior, dum estado melhor cujo antegozo nos vai sendo dado fruir desde logo, à guisa de incentivo.

Qual a consciência livre, qual a razão esclarecida capaz de trocar este Céu, o Céu de Jesus Cristo, pelo Céu de qualquer das religiões do mundo?

Qual a inteligência lúcida, qual o senso amadurecido na experiência da vida, capaz de trocar a verdade encarnada no Ungido de Deus, pelas fantasias e quimeras forjadas pelas paixões humanas?

Por que malsinar o mundo?

> *"De tal sorte amou Deus o mundo que lhe deu seu Filho unigênito, para que todo que nele crê, não pereça, mas tenha vida eterna."*
>
> (João, 3:16.)

É costume vituperar-se o mundo, cobri-lo de vilipêndios e doestos, atribuindo-lhe a origem de todos os males que nos afetam. Tal vezo, aliás comuníssimo mesmo entre os adeptos do Espiritismo, deve ser abolido.

O mundo não é responsável pelas nossas vicissitudes. O mal não vem dele, nem da vida terrena. A lágrima que nos sulca o rosto; os vincos que nos assinalam as faces; a mágoa que nos confrange; a dor, em suma, sob seus aspectos multiformes, são o efeito duma causa que está em nós mesmos, e não no planeta que habitamos. É do nosso interior que vêm os maus pensamentos, o adultério, a cobiça, a avareza, a impudicícia, o ódio, o egoísmo. Tal a causa verdadeira dos sofrimentos e flagelos que assediam a Humanidade.

A Terra não é presídio, não é cárcere, não é degredo, não é vale de lágrimas. "A Terra", disse o Mestre em admiráveis parábolas, "é uma granja, uma quinta ou vinha para onde o Senhor envia trabalhadores."

A Terra é o campo de ação onde nosso espírito vem exercer sua atividade. Como o lavrador mete a relha no solo duro e árido, transformando-o em seara fecunda, assim cumpre a cada um de nós exercitar os poderes latentes da alma na conquista do saber e da virtude, rumando para alcandorados destinos.

Não há castigo, não há punição, não há penalidade a cumprir. Há problemas a resolver, há obstáculos a remover, há contingências e conjunturas mais ou menos penosas a conjurar. Tudo isto, porém, como consequência do estado particular em que se encontram nossos espíritos, cujas energias são assim despertadas. A indefectível Justiça Divina não admite vítimas. A cada um é dado segundo as suas obras.

E não se objete que tanto importa considerar a origem do mal como sendo do homem ou sendo do mundo, uma vez que o mal impera neste meio onde nos achamos. Importa muito. De premissas falsas, falsas conclusões. Se o mal fosse do mundo, não teríamos que pensar noutra coisa senão em sair do mundo. Mas, se o mal está em nós mesmos, cumpre tratarmos de nossa conservação. Nada vale ao pestoso mudar de habitação: levará a peste consigo. Ele precisa tratar-se, curar-se da enfermidade que o flagela.

Deixemos, pois, de malsinar o mundo, que é obra de Deus, e que faz jus a seu amor. Para este mundo, tão injustamente infamado, Deus mandou seu Filho unigênito, não para o condenar, mas para o redimir.

Tratemos, portanto, de reformar o mundo, reformando-nos a nós próprios. É e será aqui, por tempo indefinido, o nosso teatro de ação. Não nos iludamos esperando a mansão dos justos, quando ainda estamos cheios de iniquidades; esperando a região dos puros, quando ainda estamos cheios de impureza; esperando os tabernáculos eternos, quando ainda não vencemos a carne.

Nascer, morrer, renascer ainda, progredindo sempre: tal é a lei. Melhorar o mundo, melhorando a nós mesmos: tal é a vontade do Senhor.

O semeador

O agricultor saiu a semear. Espalhando a semente, esta descia do alto, atingindo indistintamente este ou aquele terreno. Uma parte caiu à beira da estrada, e foi comida pelas aves. Outra parte teve por sorte uma terra pedregosa: germinou; mas, não podendo lançar raízes, feneceu ao calor do Sol. Outra parte alcançou a terra, após uma travessia por entre cardos e espinhos: nasceu, para logo depois ser sufocada pelos abrolhos. Por isso não chegou a dar frutos. Finalmente, certa porção vingou numa área bem preparada, vegetou, desenvolveu-se livre de impedimentos e produziu cem por um.

— Explica-nos esta parábola — disseram a Jesus os seus discípulos.

— O lavrador sou eu — começou então o Mestre. — A semente que espalho é a palavra de Deus; é a lei do amor e do dever; é, em suma, a ciência da moral.

"A parte caída na estrada, nesse terreno endurecido, exposto a todos os azares, é a imagem daqueles que ouvem a palavra de Deus; mas, não compreendendo seu alto alcance, deixam de lhe ligar a importância devida. A semente fica à tona desses corações empedernidos; não penetra. Vem, então, o demônio e arrebata-a; sabeis como? Substituindo a palavra da vida por quimeras e fantasias, que iludem o entendimento falando aos sentidos.

"A semente caída no terreno pedregoso, cujas raízes ficaram à flor da terra, e por isso vieram a fenecer, é a figura das pessoas que ouvem a nova da salvação e de pronto a aceitam com prazer; porém, como o fizessem superficialmente, sem se inteirarem do objeto da palavra de Deus, desmoralizam-se diante do primeiro obstáculo a vencer, e sucumbem. São os pusilânimes, a quem a luta acovarda: querem milagres.

"A porção de sementes que, germinando no meio dos espinhos, se viu em dado tempo abafada pelos cardos, e por isso não atingiu o estado de produção, é o símbolo daqueles que, tendo ciência da Lei de Deus, a aceitam e acolhem de boa mente; mas, embevecidos nas fascinações do mundo e nos deleites da matéria, deixam que o fogo das paixões lhes abrase as almas, calcinando ali a árvore do bem, cujos delicados ramos debalde procuram vencer os inimigos que se anteponham aos seus desenvolvimentos.

"Enfim, a porção de sementes que atingiu terra arroteada e fértil, produzindo larga messe de frutos, é o emblema dos homens que escutam, assimilam e praticam a moral evangélica, pautando todos os seus atos segundo as normas daquela divina ciência."

Resta agora sabermos que espécie de terreno temos sido nós: eu e o leitor que fez o favor de me ler...

O destino da Criação

A existência presente é uma estrada por onde transita a Humanidade.

Se se pergunta ao materialista onde essa estrada vai ter, ele nos responde: Vai ter ao vácuo, seu termo é o nada. Nós nos encontramos palmilhando este caminho por mero capricho do acaso, pois o acaso também é nada, é abstração.

Se se pergunta à Igreja onde vai dar essa estrada, ela responde: Este caminho, lá num determinado ponto que jamais ninguém viu ou atingiu, bifurca-se, conduzindo, então, os homens, parte para o Céu, parte para o Inferno. Uma vez vencido esse limite, a Criação estaciona, o movimento cessa, o Universo morre; tudo está consumado.

Se interrogarmos o Espiritismo, ele nos dirá: Esta estrada não vai nem vem. A Humanidade, a Criação toda é que caminha pela estrada da vida, realizando seu objeto, que é avançar continuamente, progredindo sempre. A existência atual é uma das muitas fases da Vida; é um elo que se liga a outro elo, formando a corrente imensa, cujas extremidades se perdem no infinito dos tempos. Reparai bem, olhai para trás, e vede como a Evolução vem assinalando a marcha da Humanidade pela Vida além. Abri a História, percorrei ligeiramente suas páginas, e vede a parábola imensa que a Humanidade tem descrito através dos séculos, obedecendo à grande Lei que rege o Universo. A

Humanidade coleia aqui e acolá, como serpente, parecendo desviar-se da rota traçada pela mão do Onipotente. É o veneno das paixões que a faz assim estorcer-se; porém, por mais curvas que ela faça, nunca poderá furtar-se ao influxo da Evolução, que a atrai como ímã de irresistível poder. É esse, pois, o destino da Criação, conforme o atesta a História; e os fatos, que se desenrolam sob o domínio de nossas vistas, o confirmam.

A palavra da Vida

Maria de Magdala chorava à beira do sepulcro inane de Jesus, quando Ele, ressurgido dentre os mortos, se lhe apresenta, e pergunta: "Mulher, por que choras? A quem procuras?".

Ela, desconhecendo quem a interrogava, retruca, supondo falar com o jardineiro: "Senhor, se tu o tiraste daqui, dize onde o puseste, e eu o levarei". (*João*, 20:13 e 15.)

Foi quando Jesus, dando uma particular modulação ao seu verbo inflamado, disse: "Maria".

Ao ouvir o eco fascinante daquela voz, Maria de Magdala, como que desperta dum sonho, de pronto acode: "Mestre!".

Que magia foi aquela? Por que não o reconhecera antes?

É que Jesus, mestre por excelência, querendo avivar a memória da pecadora, modulou sua voz naquele tom vibrante, e ao mesmo tempo suave, composto dum misto de autoridade e doçura, com que outrora lhe despertara os sentimentos, alcançando a redenção de seu espírito.

Eis o que são as palavras da Vida. Nunca morrem: vibram eternamente.

Quem as ouve uma vez e as assimila, jamais deixa de as reconhecer e de viver sob o seu influxo.

As eternas verdades que Jesus encarnou e exemplificou, há perto de dois mil anos, palpitam ainda nas páginas do seu *Evangelho*, conservando aquele dom maravilhoso de nos *acordar* para o bem e para o belo, transformando-se, assim, na luz que nos guia, no roteiro que nos conduz aos elevados destinos que nos são reservados.

Daí a sabedoria destes dizeres do Redentor: "Eu sou o Caminho, a Verdade e a Vida; ninguém vai ao Pai senão por mim". (*João*, 14:6.)

O Calvário e o Tabor

Dois montes figuram na vida terrena de Jesus: o Calvário e o Tabor.

Um deles caiu no olvido. A celebridade do outro tornou-se notória, graças aos constantes e repetidos reclamos que a propósito têm feito e continuam fazendo as igrejas ditas *cristãs*.

No Tabor, Jesus é glorificado pelo Céu, que o recomenda como Ungido de Deus, a quem todos na Terra devem honrar e obedecer.

No Calvário, Ele recebe o suplício que lhe infligiram os homens do século, visando com isso a destruir o supremo intérprete da soberana justiça, visto que Ele atestava que as obras deles eram más.

Aparentemente aniquilado o Filho de Deus, começaram os homens, tempos depois, a render acendrado culto à memória do seu sacrifício. Criaram símbolos que representam aquele trágico acontecimento, fazendo gravitar em volta da cruz e do Calvário toda a história do Cristianismo, como se em tal ela se resumisse.

Com semelhante proceder tentam apaziguar as consciências, que, hoje como na época da crucificação do Justo, continuam surdas às admoestações do Verbo Divino.

De tal sorte, enquanto as atenções se voltam para o Calvário, jaz no esquecimento, desconhecido da grande maioria, e deturpado pelo sacerdotalismo interesseiro, o sublime ideal que o Cristianismo encerra. É um segundo atentado que o mundo pretende consumar friamente contra seu Redentor. No Cristo redivivo, exuberante de vida e fortaleza, não se fala. Aos acontecimentos do Tabor, bem como àquela expressa e positiva recomendação das vozes do Céu, ali notificadas, determinando que se ouvisse e se obedecesse ao divino Messias, não se concede o devido valor, carecem de importância para os veneradores da cruz.

Ora, é precisamente amoldar-se à moral cristã que os homens da atualidade, como os de outrora, não querem. Daí as homenagens ao Calvário, e o desdém pelo Tabor, em cujo cimo se ostentou a glória e a autoridade outorgadas ao Cristo de Deus.

O Calvário é a morte, o Tabor é a vida. No topo do primeiro está a cruz, e nela chumbado o Jesus vencido, inerme, morto. No alto do segundo destaca-se o Mestre e Senhor em plena atividade, inacessível às maquinações humanas. Aqui o juiz, lá a vítima indefesa. No Calvário, a vitória da perfídia. Apela-se para aquele e despreza-se este, justamente porque aquele é a noite, e este é o dia. Dos esplendores do Sol fogem espavoridas as aves noturnas, cuja rapinagem só nas trevas livremente se exerce. Atrás do madeiro agacha-se a tirania, o parasitismo, a iniquidade e o egoísmo humano com todas as suas baixezas, sem encontrar protestos nem autoridade que os profliguem. Abroquelam-se à sombra da cruz os próceres do farisaísmo de nossos tempos. De símbolo da fé, fizeram-na, de novo, instrumento das maiores calamidades. É o espantalho dos humildes. É a arma predileta da hipocrisia requintada. Vemo-la na *Inquisição*, promovendo perseguições e chacinas de milhares de vítimas;

vemo-la nas cruzadas, semeando a desolação e a morte por toda a parte; vemo-la na *noite de São Bartolomeu*, encharcando de sangue as ruas de Paris; vemo-la em Rouen, atirando Joana d'Arc às chamas de uma fogueira; vemo-la justiçando Giordano Bruno, Jan Huss e inúmeros outros mártires da razão e da liberdade; vemo-la manejada hábil e astuciosamente pelos exploradores de todos os matizes, apavorando os simples e fanatizando os ignorantes; vemo-la finalmente através dessa política mentirosa e vil, hipócrita e pérfida, cuja ação nefasta tem arruinado as nações, mantendo os povos em perene atitude de desconfiança e de sobressaltos.

A tranquilidade do mundo e a paz dos corações exigem, pois, que se obedeça ao Cristo redivivo do Tabor, abolindo-se a exploração em torno do Cristo inerme do Calvário.

As vozes do Céu clamam e clamarão sempre. A palavra do Mestre não passará. A hora da reivindicação soou. O Tabor reclama, pelo verbo difuso do Paracleto, o lugar que lhe compete na história do verdadeiro Cristianismo.

Valor imperecível

> "*De que serve ao homem ganhar o mundo inteiro, e perder-se a si mesmo?*"
>
> (Lucas, 9:25.)

O homem vale mais que o mundo com as suas jazidas, os seus diamantes, e toda a sorte de pedras preciosas. Não obstante, o homem, esquecido de seu valor intrínseco, cujo preço é inestimável, consome-se e esgota-se na conquista do que é perecível, daquilo cujo valor é muito discutível, visto como só vale mediante certa convenção estabelecida pelos caprichos e veleidades do mesmo homem.

Assim, pois, ele dá subido valor ao que, de fato, tem valor muito relativo, ou quiçá não tem nenhum, olvidando o valor de si próprio, valor positivo e incalculável.

De tal vesânia resulta que o homem trata com grande zelo aqueles valores, menosprezando o tesouro inexaurível que em si mesmo encerra, que ele, o homem, em realidade, é. Ao dinheiro, à prata, ao ouro e a outros bens, tidos como preciosos, ele sacrifica o único bem real e inconfundível, que é o homem mesmo.

É por isso que se julga, no mundo, como perdida, a existência que transcorre na humildade dum lar ignorado, na reclusão dum hospital, nas dobras duma enxerga. Em tais condições, o homem se vê impossibilitado de buscar aquilo que se supõe valioso. No entanto, é possível, é mesmo quase certo, que tais existências sejam preciosíssimas àqueles que as suportam; e, falando em tese, mais fecundas e brilhantes que as admiradas pelo século. O mundo admira o fausto, o luxo, a notoriedade, o exterior — numa palavra. Mas o verdadeiro valor está no interior do homem: está no seu caráter, nos seus sentimentos, na sua inteligência. Não é a forma que encerra o valor a que nos estamos referindo: é o espírito, é a alma, o *eu* imortal, sede das faculdades e poderes cuja origem é divina.

Educar, isto é, desenvolver tais predicados, é realizar o objeto supremo da vida. Aquele que mais e melhor o desenvolve, mais aumenta o seu valor intrínseco. E é tão importante, tão santa e tão sagrada a conquista desse ideal, que Deus, em sua soberana justiça, mantém assegurada e intangível, em todos os homens, a possibilidade de realizá-la.

O paralítico, o cego, o leproso, o enfermo, enfim, de qualquer natureza, não está inibido de visar, com êxito, ao alvo grandioso da Vida. Encerrem o homem num calabouço, escuro, infecto e úmido: aí mesmo ele conservará intacta a oportunidade de aprimorar seus sentimentos, de galgar novos degraus na escala intérmina da perfectibilidade moral e intelectual. Algemai-o, acorrentai-o, cravai-o numa cruz, como aquele ladrão justiçado à direita de Jesus Cristo; e vereis que o homem, mesmo crucificado, apelando para suas energias íntimas, logrará elevar-se das misérias da Terra às grandezas do Céu.

Eugenia e Religião

Eugenia é, em resumo, a Ciência que trata do cultivo do homem considerado sob seu duplo aspecto: físico e moral.

O objeto dessa ciência é conseguir espécimes humanos fortes, sadios e belos, mediante a aplicação de métodos científicos que correspondem, em síntese, a puras e rigorosas regras de higiene, em sua ampla e lata acepção.

Como se vê, a eugenia é, por todos os motivos, digna da simpatia dos que se interessam pelo aperfeiçoamento da raça humana, o que equivale a dizer: pelo seu progresso e evolução.

A Humanidade, porém, desvirtua o alvo da eugenia como desvirtua aquele visado pela Religião. Pretende chegar ao fim, apartando-se dos processos naturais, isto é, empregando artifícios pueris, e até mesmo ridículos.

A gente deste século, semelhantemente às gerações de remotas eras, alimenta a ingênua pretensão de galgar os páramos de Luz, onde reina a felicidade, por meio de uma nova torre de Babel, pois outra coisa não é o ritualismo, o cerimonial aparatoso estabelecido pelos credos dogmáticos como processo de salvação.

Orientados por esse falso prisma, procuram todos, em matéria de eugenismo, obter saúde, vigor e beleza mediante o emprego de drogas, cremes e pinturas. Entendem que, para se adquirir formosura, basta encobrir a fealdade, quando a eugenia nos ensina que só se logra a beleza destruindo as causas da fealdade.

Da mesma sorte, a fé raciocinada e pura nos adverte, a seu turno, que só alcançaremos a redenção de nossas almas instruindo-nos e moralizando-nos; ou, em outras palavras: educando nossa mente e nosso coração.

A Religião e a eugenia colimam precisamente o mesmo alvo: *"Mens sana in corpore sano"*.

Cumpre agora considerar, e sobretudo convencermo-nos, de que a beleza não se arranja com pomadas, nem o Céu se alcança com exibições ritualísticas. É preciso remover as causas que determinam a deformidade do físico, como também aquelas que deformam o caráter. A beleza externa provém da beleza interna. A cura opera-se do interior para o exterior. É uma ilusão procurarmos esconder os vincos do rosto e os senões do caráter; é necessário removê-los, extirpá-los, o que só se consegue pelas vias naturais, sob a in-fluência de leis eternas e imutáveis.

A moral verdadeira e pura, tal como a exemplificou Jesus Cristo, encerra implicitamente todos os princípios da eugenia, constituindo, por si só, a força capaz de reformar os costumes, escoimando-os de todas as impurezas, transformando assim esta Humanidade enferma, fraca e desgraciosa, numa raça nova, sadia, esbelta e bela.

A fé que salva o espírito é a mesma que sara o corpo. A fé que aprimora o sentimento e consolida o caráter é a mesma que aformoseia o rosto e plasma na matéria as linhas da beleza.

Os sinais dos tempos

> *"Disse Jesus à multidão: Aparecendo nuvens no poente, dizeis que haverá chuva, e assim acontece; soprando o vento sul, dizeis que haverá bom tempo, e assim se verifica. Hipócritas, sabeis distinguir o aspecto da terra e do céu, como não distinguis este tempo? Por que não julgais também por vós mesmos aquilo que é justo?... Quando vais com teu adversário ao magistrado, faze o possível para te livrares dele em caminho; para não suceder que te entregue ao juiz, e este ao meirinho, e o meirinho te lance na prisão. Digo-te que não sairás dali enquanto não pagares o último ceitil."*
>
> (Lucas, 12:54 a 59.)

Esta brilhante admoestação do sapientíssimo Mestre tem por fim advertir o homem dos perigos que o ameaçam. Todos os males que atingem o homem ou a coletividade humana tiveram seus prenúncios. A Natureza não age aos saltos, tanto no plano físico como no moral. Se o homem conhecesse os "sinais dos tempos", no que respeita ao espiritual, como conhece os pródromos das tempestades observando as nuvens e a direção dos ventos, inúmeros sofrimentos seriam poupados.

Em prevenir está a sabedoria. As moléstias são mais evitáveis que curáveis; os grandes abalos e desastres, quando previstos, podem ser atenuados e até mesmo desviados do seu curso.

As enfermidades do corpo, como as da alma, são consequências de causas alimentadas por nós durante largos anos.

Essa a origem das nossas amarguras. E só depois que nos sentimos atingidos é que despertamos alarmados, bradando em vão. Sim, em vão, porque desde que se produz uma causa até que se manifestem seus efeitos, estes hão de persistir até se esgotarem, a despeito de todas as nossas murmurações.

A sabedoria, repetimos, está em prevenir. É o que o Mestre figura no caso do adversário de quem o contendor não se livra em caminho. Caindo em mão do juiz, este o encerra na prisão, até pagar o último ceitil.

Constantemente somos avisados dos males que nos ameaçam, mas não sabemos conhecer os "sinais dos tempos" no terreno moral. O homem só procura entender o material. É por isso que o mundo está a braços com guerra, peste e fome. De tudo isso ele foi advertido por sinais muito característicos.

Os grandes eventos da Humanidade sempre foram previamente anunciados. Reportando-se à sua passagem pela Terra, disse Jesus aos judeus: "Como não sabeis distinguir este tempo?". Hoje estamos também atravessando uma época cheia de sinais, que prenunciam grandes acontecimentos, grandes reformas, grandes remodelações. Busquemos, pois, conhecer os sinais dos tempos, ajuizando por nós mesmos aquilo que é justo e verdadeiro. Recolhamo-nos dentro de nós, concentremo-nos e ouçamos a revelação que Deus faz no sacrário dos nossos corações. Lembremo-nos de que em prevenir está a sabedoria. Não nos deixemos apanhar de surpresa. Sondemos os arcanos do nosso "Eu".

Exaltados e humildes

Alguém já disse com muita propriedade que não convém mostrar ao homem a grandeza de seu futuro sem lhe dar a conhecer a humildade de seu passado, tampouco fazê-lo sabedor deste, deixando-o na ignorância daquele.

De fato, o conhecimento simultâneo de uma e outra coisa é o que melhor convém ao homem para o manter no ponto de equilíbrio.

Assim, pois, ao orgulhoso, àquele que a si mesmo vive adorando, numa autolatria sem-fim, a esse é mister que se diga: Sabeis quem sois, ó insensato? Conheceis vosso passado? Já pensastes na trajetória que percorrestes? Sabeis já o que fostes em eras longínquas de um remoto pretérito? Ignorais? Olhai para baixo de vós, na escala dos seres inferiores. Vede, em toda a sua nudez, o cunho de animalidade que caracteriza a besta, o bruto, a fera. Observai os arrastamentos a que estais sujeitos, como escravos que sois dos instintos carnais. Atentai para os povos primitivos, para os bárbaros, para os selvagens, que de humanos só têm a forma. Mirai-vos nesse espelho, com a devida atenção, porque ele reflete a vossa própria gênese, dando-vos ao mesmo tempo uma sublime lição de humildade.

Ao quebrantado de coração, ao simples e humilde, cujo alento ameaça desfalecer no ardor de lutas que lhe parecem intérminas, é necessário que se lhe pergunte: Por que desanimais? Sabeis para onde ides? Conheceis o futuro radiante que além vos espera, após a passagem dessas refregas efêmeras que ora suportais? Olhai para a margem oposta; vede, acima de vós, os seres superiores, os denominados santos, os anjos e arcanjos que habitam as mansões celestes. Quem são eles? Entes que, como vós, se depuraram no cadinho da dor, na retorta das experiências amargas de duras provações. Vede ainda, na mesma série humana, os grandes, os fortes, os puros, os missionários do amor, que, ao passarem por este orbe, deixaram após si uma esteira luminosa que tem servido de roteiro às gerações que se sucedem. Mirai-vos nesse espelho, porque ele reflete com fidelidade o vosso próprio porvir, dando-vos ao mesmo tempo uma grandiosa lição de fé, de coragem e de valor.

Ao orgulhoso, Deus mostrará o passado, fazendo-lhe curvar a cerviz até o pó da terra donde foi tirado. Ao humilde, Deus mostrará o futuro, levantando-lhe a fronte até o limiar do Céu.

E assim se cumpre a palavra do Evangelho da Vida: "Aquele que se exalta será humilhado, e aquele que se humilha será exaltado". (*Mateus*, 23:12.)

*Nosce te ipsum**

Por que e de que te queixas, ó homem? Arrazoas, talvez, em teu coração: Sou sincero, sou verdadeiro, procuro colocar-me em harmonia com a Lei Divina, procedo bem, nenhum mal pratico; logo, por que sofro?

Ou então dizes: Por que vacila tanto a minha fé? Quisera ter fé inabalável; mas peço, suplico, e Deus não ma concede. Quero convencer-me da realidade da vida futura, quero ter certeza de que o túmulo não é uma finalidade; no entanto, o Céu, que me devia atender em tão justo anseio, conserva-se impassível, surdo às minhas constantes rogativas. Não quero crer por alheio testemunho; quero ver, quero palpar a verdade.

Terão fundamento, ó homem, estes teus queixumes? Contra quem imprecas? És juiz? Ou és réu? Se te julgas juiz, dá, nesse caso, tu mesmo uma resposta que te satisfaça; lavra tu mesmo a sentença, aquela que melhor te pareça, e conforma-te. Se és réu — como de fato és — queres, a despeito disso, determinar, queres exigir um *veredictum* segundo o sabor de teus caprichos? Tu te justificas aos teus próprios olhos, e queres que Deus te obedeça acompanhando teus raciocínios? Exiges que teus sofrimentos cessem, que tua fé se fortifique, que a verdade venha,

---

*Conhece-te a ti mesmo.

obediente e submissa, curvar-se ante teus olhos, ante tua razão revoltada?

    Humilha-te, homem, deixa que teu orgulho se pulverize, que tua vaidade se dilua, que tua presunção se desfaça. Se crês em Deus, deves também crer na justiça e no amor, predicados inseparáveis da Divindade. Sofre, pois, com resignação, teus males cuja origem está em ti mesmo. Indaga, sonda profundamente teu próprio coração; analisa, examina meticulosamente teu caráter, e descobrirás o fio dessa meada que te parece inextricável. Não te limites ao exame perfunctório de tua existência atual. Nós somos de ontem, e ignoramos. Nossas existências são como sombras que passam. Se queres saber quem és, desce ao fundo de teu ser, penetra o âmago de teu coração, descobre tua individualidade imortal através de tua personalidade mortal. Desce o véu, tira a máscara, deixa de te iludires a ti próprio, após haveres tentado iludir os outros. Conhece-te a ti mesmo, e serás humilde; sê humilde, e Deus te exaltará.

Trigo e palha

> "*O fim do Espiritismo é a melhoria do homem. Ninguém busque neste senão o que possa favorecer o progresso moral e intelectual.*"
>
> ALLAN KARDEC

A sentença supra do Codificador da Doutrina Espírita — aquele que com justeza apelidaram de *bom senso encarnado* — não deixa dúvidas sobre o alvo supremo da Nova Revelação.

Quantos, porém, dentre os adeptos do Espiritismo, se acham perfeitamente convencidos de que aquele é o alvo da fé que professam? Muitos? Poucos? Alguns? "Pelos frutos os conhecereis." *(Mateus, 12:33.)*

No entanto, é conveniente ficar peremptoriamente estabelecido que Kardec, cujo nome muito se repete, e a propósito de cujos conceitos muito se discute, disse, com toda a sua autoridade, que o fim do Espiritismo é a melhoria do homem, e que, nessa doutrina, não se deve buscar senão o que possa favorecer o nosso progresso moral e intelectual.

Parece que, em assunto algum que se prenda aos postulados do Espiritismo, Kardec foi tão claro e tão explícito. Resta que seus admiradores honrem a sua memória, aceitando e propagando a fé espírita pelo que ela encerra de melhor e de mais elevado.

"Quando se planta vinha, não é pelas suas folhas: é pela uva que ela produz." "Quando se cultiva o trigo, não é pela palha, nem pelo farelo que ele fornece: é pelo trigo mesmo, pelo grão que nos dá a farinha." É certo que a palha é um bom adubo, e o farelo é ótimo para o gado. Todavia, não é isso que se leva em mira quando se arroteiam os campos. O objetivo do agricultor é o trigo, é o pão, alimento humano por excelência. É verdade que ele aproveita o farelo e a palha, como acessórios. Jamais se viu lavrador algum preocupar-se com desusado esmero da palha, descurando o grão. Seria garantir o menos, com o prejuízo do mais. É bom aproveitar-se tudo, quando possível: mas, a perder-se alguma coisa da colheita, seja a forragem e não o trigo.

Anunciemos, pois, o Espiritismo por tudo que ele encerra de bom e de útil; mas não nos esqueçamos do principal, não olvidemos a sua razão suprema.

Amor e paixão

Bem diversa é a natureza do amor comparada com a da paixão.

A paixão é violenta, apresentando comumente arroubos prodigiosos que a exaltam aos olhos do mundo. O amor não tem desses arrebatamentos; é calmo, é sereno, é refletido.

A paixão é fogo: lança labaredas, projetando clarões rubros, de duração mais ou menos efêmera. O amor é luz: ilumina docemente.

A paixão queima e destrói. O amor aquece e vivifica.

A paixão é cega, insensata, irracional. O amor é inteligente, criterioso e lógico.

A paixão é caprichosa: quando quer, insiste, obstina-se, visando aos fins sem curar dos meios. O amor é benévolo, paciente, tímido: quando quer, pede, suplica, implora. Tudo alcança pela doçura, pela persuasão, pela verdade.

A paixão é altiva e arrogante. Exibe-se, ora por cálculo, ora desavisadamente. O amor é modesto e humilde. Não alardeia, busca a obscuridade.

A paixão é do momento, o amor é de sempre. Aquela passa, este permanece.

A paixão é egoísta: nem com o todo se satisfaz. O amor é generoso: contenta-se com o pouco.

A paixão irrita-se e desespera quando contrariada. "O amor", como disse Paulo, "tudo suporta, tudo espera, tudo crê, tudo sofre."

A paixão desconfia e gera o ciúme. O amor confia, dele nasce a fé.

A paixão é mesquinha: seu círculo de ação é limitado. O amor é grandioso: sua esfera é um mar sem praias, é um céu sem horizontes.

A paixão é sujeita a cansaços: gasta-se, envelhece e morre. O amor não se consome nem se desgasta: é sempre jovem, vivo, imutável.

A paixão, às vezes, degrada e avilta. O amor eleva e enobrece em todos os casos.

A paixão insinua. O amor atrai. Aquela domina, este convence.

A paixão pode conduzir o homem à loucura e ao crime. O amor equilibra as faculdades, consolida o caráter, apura os sentimentos e torna o homem capaz dos mais belos sacrifícios.

Finalmente: a paixão representa os vestígios de um passado obscuro donde provimos. O amor reflete a influência de um futuro radiante para onde caminhamos. A paixão é o crepúsculo de um ciclo que vai findar. O amor é a aurora do dia da eternidade.

O crime de Jesus

> *"Então disse Pilatos aos principais sacerdotes e à multidão: Não acho culpa alguma neste homem. Mas eles insistiam ainda mais, dizendo: Ele agita o povo, ensinando por toda a Judeia, desde a Galileia, onde começou, até aqui em Jerusalém."*
>
> **(Lucas, 23:4 e 5.)**

Segundo o juízo do mundo, Jesus foi um criminoso. Como tal, instauraram processo contra ele; arrastaram-no à barra dos tribunais, onde, após sumário julgamento, foi condenado e justiçado entre ladrões.

Onde há criminoso, há crime e há vítima. Jesus, neste caso, é o criminoso. Qual o seu crime? Onde a vítima ou as vítimas do fato delituoso que lhe imputaram?

Qualifiquemos o réu. Seu nome é Jesus, o Cristo. Seus pais: José, o carpinteiro, e Maria de Nazaré. Conta 33 anos. Natural de Belém de Judá. Ocupa-se em curar os enfermos, erguer o ânimo abatido dos desgraçados, e difundir uma doutrina estranha, cujas bases assentam no amor ao próximo, no culto da verdade e da justiça, e no aperfeiçoamento próprio.

Interrogado sobre a culpa que lhe atribuíam, nada respondeu. Não obstante, encontraram razão para processo, julgamento e condenação. Nenhuma voz se levantou em sua defesa: inúmeras se ergueram com veemência para o acusar.

Seus amigos eram poucos e tímidos, colhidos entre os párias da sociedade. Seus inimigos eram ricos e poderosos; dirigiam a política e a religião dominante.

E, afinal, de que delito o acusavam? Conviver com os humildes? Saciar os famintos? Sarar enfermos? Nada disso. Do terrível libelo verbal articulado contra ele não consta que o acusassem pelo fato de distribuir pães e peixes, e, muito menos, por limpar leprosos e dar vista a cegos. Naquele tempo escasseavam os médicos e abundavam os doen- tes; o réu profissional dormitava ainda. *Não havia mesmo inspetoria de higiene.* Demais, Jesus não ministrava drogas nem poções. Debelava as doenças, porque, diz a Escritura, "a virtude de Deus estava com ele para curar".

A política e a fé vigentes não se amotinaram, pois, por motivo das curas. Não foi esse o crime do Filho de Maria. Qual teria sido, então? O crime de Jesus Cristo é o mesmo pelo qual têm respondido, e ainda respondem, neste mundo, todos os arautos da verdade, todos os pioneiros da justiça, todos os apóstolos da liberdade: instruir os ignorantes, defender os oprimidos e espoliados, amparar os fracos, remir os escravizados — numa palavra — *ensinar o povo.*

Conhecidos o crime e o criminoso, cumpre rematar, apontando as vítimas. Tais são elas: a hipocrisia desmascarada, o despotismo vencido, a exploração desfeita.

Querer é poder?

A sentença supra goza, de há muito, de foros de provérbio consumado. Mas exprimirá de fato uma verdade? Eis a questão.

A nosso ver, empregaríamos o verbo saber em lugar do verbo querer, e diríamos, então: Saber é poder.

Esta máxima é absolutamente verdadeira. Aquele que sabe pode, porém o que ignora não pode, ainda que queira. Dir-se-á, talvez: mas o querer conduz ao saber, visto como aquele que quer procura aprender para executar. Mas nem sempre sucede assim e é justamente esse ponto que tencionamos ferir.

Há muita gente que procura com afinco realizar seu "querer", por este ou aquele meio, desprezando precisamente o processo seguro de êxito: o saber. Daí os fracassos, o desânimo, a descrença e o pessimismo de muitos.

Jesus apresentou-se ao mundo no caráter de mestre, e, como tal, teve discípulos. Sua missão é educadora. Remir é educar. Os que são por Ele ensinados alcançam, por tal meio, a redenção. A Igreja de Jesus é uma escola. Ser cristão é matricular-se nessa escola, é tornar-se discípulo de Jesus e aprender com Ele a ciência do bem e da verdade.

Instruí-vos, moralizai-vos; tal é o lema que se deveria gravar no pórtico dos modernos templos cristãos.

"Pedis e não recebeis: não recebeis porque não sabeis pedir", disse o Mestre. (*Tiago*, 4:3.)

A questão, pois, é de saber.

"Eu sou a Luz do mundo" — acrescentou Ele —, "quem me segue não andará em trevas; pelo contrário, receberá a luz da vida. (*João*, 8:12.) Eu não vim condenar, mas salvar o mundo. A condenação é esta: A Luz veio ao mundo, e os homens amaram mais as trevas do que a Luz; e isto porque eram más as suas obras. Porquanto todo aquele que pratica o mal aborrece a Luz, e não vem para a Luz, a fim de que suas obras não sejam arguidas." (*João*, 3:20.)

Como se vê, tudo se resume numa questão de Luz. A condenação dos que a rejeitam consiste em permanecerem nas trevas. As trevas são o *Hades*. Quem vive em trevas nada pode, porque tudo ignora. Tudo ignora porque nada aprende, nada aprende porque repudia a Luz que se lhe oferece. Estes tais estão por si próprios condenados.

Saber é poder, repetimos. Aquele que sabe pode. Aquele que quer, e ignora a maneira de realizar seu "querer", não pode coisa alguma.

O que vive na Luz pode, o que vive em trevas não pode, ainda mesmo que queira. A salvação está na Luz. O Cristianismo é Luz. Jesus é mestre, a escola é o seu templo.

O verdadeiro holocausto

> "Rogo-vos, pois, irmãos, que apresenteis os vossos corpos como um sacrifício vivo, santo e agradável a Deus, pois em tal importa o culto racional."
>
> PAULO (ROMANOS, 12:1.)

> "Aquele que quiser salvar a sua vida perdê-la-á; e o que perder a sua vida por minha causa achá-la-á. Pois que aproveitará ao homem se ganhar o mundo inteiro, mas perder a sua vida ou causar dano a si mesmo? ou que dará o homem em troca da sua vida?"
>
> (MATEUS, 16:25 e 26.)

Tudo progride. A evolução confirma-se tanto na ordem material como na espiritual. Outrora a Humanidade pretendia ser agradável a Deus, ofertando-lhe vítimas, animais incinerados em altares de pedra adrede preparados para tal fim.

Imolavam-se continuamente novilhos, vitelas, bodes, cordeiros, rolas, etc., conforme a natureza do pecado a resgatar, ou segundo outra ordem de motivos que determinava as oblatas. Nos dias festivos multiplicava-se assombrosamente o número de vítimas sacrificadas ao culto divino.

Mais tarde, Jesus foi apresentado como a hóstia ima--culada e pura, que espontaneamente se oferecera para ser imolada em propiciação dos pecados do mundo.

Deixou, portanto, de prevalecer dali em diante a necessidade de novos e repetidos sacrifícios cruentos.

Hoje, o Consolador vem advertir-nos de que os holocaustos não foram extintos, mas transformados. Deixaram de ser materiais como nas priscas eras do moisaísmo; espiritualizados, agora, porém, continuam em pleno vigor, e são de absoluta necessidade para nossa salvação.

Não há mais a casta sacerdotal. Todos nós somos sacerdotes. Os altares de pedra foram substituídos pelos nossos corações. As vítimas que aí devem ser imoladas, sem interrupção, são as nossas paixões rasteiras, os nossos vícios, as volições e arrastamentos de nossa natureza inferior.

Nossos corações, convertidos em piras ardentes, devem consumir nosso orgulho, nosso egoísmo, nossa hipocrisia, nossas vaidades, nossas ambições, nossa luxúria, para, assim acrisolados, nos elevarmos aos páramos de luz, aos tabernáculos eternos, onde nos esperam aqueles que já se depuraram nesse mesmo altar de redenção.

Outra espécie de sacrifícios, como qualquer sorte de culto externo, que se pretenda render ao Deus e Pai de nosso Senhor Jesus Cristo, será rejeitado; nenhum aproveitamento trará para a obra da salvação. Um só culto racional existe: apresentarmo-nos a nós mesmos como um sacrifício vivo, escoimado de impurezas e maldades. Tudo o mais é vão e, como tal, inútil.

O lento suicídio

> *"Aquele que quiser salvar a sua vida, perdê-la-á; e o que perder a sua vida, por minha causa, achá-la-á. Pois que aproveitará ao homem se ganhar o mundo inteiro, mas perder a sua vida ou causar dano a si mesmo? ou que dará o homem em troca da sua vida?"*
>
> (**Mateus**, 16:25 e 26.)

Assim falava o meigo Rabino aos seus discípulos há quase dois mil anos. Não obstante, essas exortações são ainda de plena atualidade, pois a maioria dos homens não as compreendeu, e, por isso, está agindo em flagrante desacordo com a moralidade que elas encerram.

O homem quer salvar a sua vida, isto é, pretende gozá-la desfrutando a maior soma possível de prazeres; e, nesse afã, causa dano a si próprio, aniquilando e destruindo a vida.

Milhares de invenções, cada qual mais insensata, se têm introduzido na sociedade com o propósito de proporcionar sensações novas aos incontentáveis partidários de Epicuro. E, coisa notável: quanto mais apuram a arte do prazer sensual, mais os homens exigem nesse particular, advindo daí uma série de males inumeráveis, cujas consequências são as enfermidades sob variadíssimas manifestações e um apreciável decrescimento na duração normal da existência.

E é assim que os epicuristas, preocupando-se de mo--do exclusivo com a satisfação dos sentidos, com o gozo material da existência, acabam por perder a vida, esgotando-se nesciamente numa sucessão ininterrupta de deleites animalizados.

As noites de contínuas vigílias, que se passam nos teatros, clubes e cafés; a incontinência, o álcool, o fumo, a intemperança, a moda e a tensão nervosa, constantemente reclamadas pelo utilitarismo ganancioso, constituem no seu conjunto as causas determinantes dessa senilidade doentia, e dessa decrepitude prematura, que são o panágio desta geração.

Ainda neste ato de loucura que a Humanidade pratica, opera como fator o egoísmo; pois é por muito satisfazer o "eu inferior", proporcionando-lhe deleites à saciedade, que o homem lentamente se vai suicidando. Isto vem confirmar a justeza deste conceito: O egoísmo é destrutivo.

E o mundo, que se diz civilizado, ainda não compreendeu essa verdade, apesar dos fatos a atestarem de modo tão positivo quanto eloquente. Por isso, poucos são aqueles que resolvem *perder a vida pelo Evangelho*, isto é: poucos são os que se acham dispostos a sacrificar o "animal" ao "espiritual". No entanto, só esses gozarão da verdadeira vida, segundo a promessa de Jesus.

Pensamentos

O fanatismo religioso transforma os caracteres fortes em feras, os caracteres fracos em néscios.

***

O verdadeiro cristão age visando, através de si, a engrandecer a Jesus Cristo. O falso cristão age visando, através de Jesus Cristo, a engrandecer-se a si próprio. Para este, Jesus é o meio, para aquele é o alvo.

***

A fé personificada em Jesus Cristo é aquela que atua no coração do homem, aperfeiçoando-o continuamente, como o estatuário, que, pouco a pouco, transforma a pedra bruta em obra de arte.

***

A bondade divina torna-se perfeitamente acessível a todas as inteligências, quando vista através da bondade humana.

***

O trabalho deve ter para quem o executa uma razão mais elevada que a recompensa de qualquer espécie que do mesmo lhe possa advir.

Últimos que serão primeiros

O valor de nossos feitos não está nas proporções vultosas desses feitos. Deus não olha para o volume, nem para a quantidade, mas para a *qualidade*. Ele não quer o muito, quer o bom, quer o melhor. É preferível, pois, o pouco bom, ao muito regular.

Nossas obras devem ser feitas com alegria e singeleza de coração, sem tédio nem cansaço, sem intenção reservada. A virtude exclui cálculos de qualquer espécie. Todo o bem que fazemos importa no cumprimento dum dever contraído. "Fazei tudo que puderdes e dizei depois: somos servos inúteis, fizemos somente o que devíamos" — tal é a palavra do *Evangelho*.

É um erro exaurirmo-nos numa labuta febril e penosa, com o propósito de nos tornarmos mais merecedores aos olhos de Deus: "Misericórdia quero e não sacrifícios".

A vida, mesmo considerada sob o aspecto da existência terrena, é um dom precioso e como tal deve ser vivida. Destruir-lhe o encanto natural; reduzi-la a uma série de atos forçados; transformá-la, enfim, num fardo que se arrasta penosamente, não é virtude, é delito.

Os reclusos do claustro, furtando-se ao convívio social, incompatibilizando-se com a natureza em todas as suas manifestações, longe de se aproximarem do Céu, como pretendem, distanciam-se dele; porque todo o móvel de seus atos se funda num requintado egoísmo. "O Reino dos Céus é daqueles que se tornam como as crianças" (*Mateus*, 18:4), diz o Mestre. Onde a simplicidade e a inocência da criança, nessa atitude estudada, nessa vida egoística, cujo único fito se resume na conquista duma grande recompensa.

A verdadeira virtude é aquela que a si mesma se ignora. Os humildes jamais se julgam seres privilegiados. "Bem-aventurados os simples de espírito, porque deles é o Reino dos Céus" (*Mateus*, 5:3) — reza o Sermão da Montanha. Bem-aventurados aqueles que fazem o bem e não se lembram de que o fizeram. A recompensa é sempre grande para os que nela não pensam, e é sempre mesquinha para os que a têm como móvel de seus atos.

Agir por amor, sem aflições, sem ânimo excitado, fruindo desse mesmo amor um doce e suave prazer — eis o ideal da vida. Os que assim procedem são felizes. Nunca se queixam de ingratidões nem de cansaço. O tédio e o mau humor jamais os atingirão. Vivem com alegria de viver: não se esgotam nem se consomem. Suas energias, tanto físicas como espirituais, são sempre renovadas, mantendo o equilíbrio geral.

Ao homem não compete fazer ajustes com Deus: cumpre-lhe amá-lo e obedecer-lhe. Aqueles que prometem fazer isto ou aquilo, sob a condição de lhes ser concedida determinada mercê, desconhecem por completo o caráter da Divindade. Pretendem fixar a paga, estabelecer o galardão. Insensatos! deixai a Deus dar-vos o que bem entender, pois será sempre mais e melhor do que aquilo que concebeis em vosso egoísmo.

Não convém pedirmos a extensão dos nossos méritos: a Deus pertence esse mister. Ninguém é bom juiz em causa própria. Trabalhemos com simplicidade, com alegria: Deus nos dará o que for justo.

Não convém, tampouco, correr com o fito de ganhar dianteira, porque muitos últimos serão primeiros, e muitos primeiros serão derradeiros.

Eis o que nos ensina Jesus através da parábola dos trabalhadores da undécima hora, inserta no *Evangelho segundo Mateus*, capítulo vinte.

Evolucionismo

Aquilo que vemos não começou a ser tal como se nos apresenta na atualidade. Esta asserção é verdadeira, já considerada no plano da vida, já considerada no plano inanimado.

A imprensa moderna, com suas "Marinones" rotativas, em nada se parece com a de Gutenberg. Esta, ao lado daquela, é uma péssima caricatura. Outro tanto podemos dizer dos barcos a vapor, das locomotivas, dos veículos, das máquinas destinadas às indústrias e à lavoura e de todo o maquinismo em geral.

Esses maquinismos engenhosos, cuja perfeição acertadamente admiramos, representam o resultado de milhares de alterações e aperfeiçoamentos que se lhes foram introduzindo à medida que suas falhas e senões eram descobertos. E da primitiva imprensa não existe mais que a ideia. Assim sucede com o barco a vapor, de Fulton, que, comparado com os barcos modernos, não passa de uma jangada perigosa e disforme.

A ideia irrompe no cérebro de um: a obra perfeita é a resultante do concurso e da cooperação de muitos, através de gerações.

As ciências; as artes, em suas várias modalidades; a política; a religião e todas as demais manifestações da atividade e do pensamento humano têm sofrido através de todos os tempos a influência benfazeja e incoercível da evolução.

Passando para o plano da vida, verificamos precisamente o mesmo fenômeno. A analogia é perfeita. Os animais da mesma família dissemelham-se no decorrer dos séculos. Há certas espécies consideradas como desaparecidas, tal a transformação nas mesmas operada. A Humanidade de hoje difere da Humanidade de outrora.

Todos os seres, da monera ao homem, representam estados de evolução. São obras inacabadas que vêm sofrendo modificações, que se vêm aperfeiçoando sob essas diferentes e múltiplas formas assumidas no incomensurável cenário da vida.

No princípio, isto é, antes da enunciação, tudo era o Verbo, e o Verbo está sempre com Deus. Só depois do maravilhoso *fiat*, a vida se manifesta através da forma. Uma vez iniciada na infinita escala dos seres, ela segue seu curso, evolvendo sempre, do infinitamente pequeno para o infinitamente grande. É assim que entre o verme e o homem, como entre o grão de pó e a estrela, existem afinidades.

A essência é tudo, a forma é nada. A morte desorganiza esta, mas é inócua àquela. Transmigrando de forma em forma, a "essência" avança intimorata e imponente, transpondo barreiras e vingando abismos.

A imprensa de Gutenberg, em sua forma primitiva, passou como passam as sombras; mas a ideia que deu azo àquela obra rude e tosca vive hoje nas "Marinones" e viverá amanhã sob outros moldes ainda mais aperfeiçoados.

Da mesma sorte, o homem de outrora vive no homem de hoje; e viverá eternamente nos tabernáculos eternos como anjo e como deus.

"Para a frente e para o alto, tal é o dístico inscrito em cada átomo do Universo." Deste asserto, consagrado já pela ciência oficial, decorrem dois postulados que, quais astros de primeira grandeza, refulgem na constelação da fé espírita: evolução e reencarnação.

A doutrina das existências sucessivas é um fato que se impõe. Sem ela, como explicar os fenômenos da evolução? Que é que evolve? A matéria? O barco de Fulton, abandonado a si mesmo, transformar-se-ia, acaso, nos transatlânticos hodiernos?

Assim como as ideias de Fulton e de Gutenberg transmigraram, levando consigo, de geração em geração, o resultado de melhoramentos acumulados, assim também o princípio imortal, que anima a matéria, transmigra, a seu turno, levando consigo, numa ascensão contínua pela senda da eternidade, os aperfeiçoamentos e progressos conquistados.

A reencarnação, postulado espírita, é a palingenesia de Pitágoras, é a ressurreição dos judeus expurgada de certos erros: negá-la é negar a evolução, é negar o senso da vida.

Renovemos nossa mente

> *"O homem bom tira coisas boas do bom tesouro de seu coração; e o homem mau tira coisas más do mau tesouro de seu coração."*
>
> (LUCAS, 6:45.)

Coração, no caso vertente, não é o órgão que exerce as funções de uma bomba impelindo o sangue na irrigação geral do nosso corpo.

Trata-se da natureza dos pensamentos e dos sentimentos que nosso espírito irradia, isto é: do estado de nossa mente; das visões, das imagens que cria e desenvolve; do modo e da maneira com que ela discerne e ajuíza de tudo que vemos, de tudo que cai sob o domínio da nossa percepção.

Da boa ou má função da mente depende a boa ou má direção que tomamos no caminho da vida; o bom ou mau juízo que emitimos a propósito de todas as coisas; os bons ou os maus atos que praticamos.

Os nossos destinos estão na dependência direta da nossa mente: serão fatalmente o que ela determinar que sejam. O primeiro passo, portanto, a dar, na obra de nossa salvação, deve constar do estudo meticuloso da nossa mente.

Que espécie de pensamentos engendramos? Que gênero de visões e de imagens nossa mente se compraz em acalentar? Como costumamos julgar os atos dos nossos semelhantes? Que juízo fazemos de Deus e de sua justiça, do amor e do dever? Que é que de preferência nos afeta mais profundamente? Em suma, qual o nosso ideal?

Tal é, em resumo, o problema da vida. Nada conseguiremos no sentido de nossa melhoria e de nosso progresso, sob qualquer aspecto, enquanto não prestarmos acurada atenção às condições de nossa mente. Não haverá reforma possível em nosso caráter, sem que previamente se tenha verificado uma mudança em nossa mente.

O grande Paulo, profundo conhecedor da psicologia da evolução espiritual, assim escrevia aos romanos: "Rogo-vos, pois, irmãos, pela compaixão de Deus, que apresenteis os vossos corpos como um sacrifício vivo, santo e agradável a Deus; pois em tal importa o culto racional; e não vos conformeis com este mundo, mas transformai-vos pela renovação da vossa *mente*, para que saibais qual é a boa, agradável e perfeita vontade de Deus". (PAULO – *Romanos*, 12:1 e 2.)

A doutrina de Paulo é, portanto, a reprodução da de Jesus. Paulo empregou a palavra *mente*, e Jesus usou o termo *coração*.

A fonte de todo o bem é por sua vez a fonte de todo o mal. É do coração ou da mente que procedem os pensamentos pecaminosos, o orgulho, o ódio, a inveja, o ciúme, as contendas, o dolo, a corrupção, a avareza. Da mesma sorte, é do coração, é da mente que afloram os ideais puros e elevados, a palavra convincente e sincera, a virtude, enfim, sob os vários aspectos em que ela se desdobra.

A obra de nossa redenção depende, em síntese, da reforma de nossos corações, ou, na palavra de Paulo, da renovação da nossa mente. Devemos, pois, cultivá-la, extirpando dela todas as formas de egoísmo, para dar lugar à frutificação das múltiplas modalidades do amor. Tudo o mais que se pretenda fazer, fora desse trabalho de autoeducação da mente, não passa de um erro religioso e de uma superstição.

Vinde a mim

> "Todas as coisas me foram entregues por meu Pai; e ninguém conhece o Pai senão o Filho; e aquele a quem o Filho o quiser revelar. Vinde a mim todos vós que andais em trabalho, e vos achais oprimidos, e eu vos aliviarei. Tomai sobre vós o meu jugo, e aprendei de mim que sou manso e humilde de coração; e encontrareis descanso para vossas almas. Porque o meu jugo é suave e o meu fardo é leve."
>
> (MATEUS, 11:27 a 30.)

Jesus acha-se de posse da suprema graça. Frui o sumo bem, e sente em si a plenitude da força onipotente, que emana de Deus. Sua íntima e perfeita comunhão com o Pai torna-o participante dos divinos atributos. Em tais condições, um desejo ardente domina seu amorável coração: tornar os homens tais como Ele é, fazê-los coerdeiros, com Ele, da paterna herança.

Daí o chamado: "Vinde a mim todos vós que vos achais em trabalho, oprimidos, e eu vos aliviarei". (*Mateus*, 11:28.)

Todos os males que nos afetam têm origem na falta de comunhão com Deus. Consequentemente, tudo que nos causa aflições, mágoas e sofrimentos, resolver-se-á como que por encanto, mediante o estabelecimento de nossas relações com a divindade. Da harmonia com o Infinito depende todo o nosso bem. Convém notar que esta asserção é isenta de fantasmagoria e de ideias supersticiosas. Não se trata de milagre, mas de efeito positivo duma lei natural.

Estar com Deus importa em obedecer às leis que regem os destinos da vida, seja qual for o cenário onde essa vida se ostente.

A lei por excelência, da qual decorrem as demais, como simples modalidades, é o Amor. Quem está fora do amor destrói sua comunhão com Deus, quebra, na parte que lhe toca, a harmonia da vida universal.

O chamamento de Jesus — "vinde a mim" — é o apelo do amor. É a aspiração duma alma, transbordante desse sentimento, que anseia por comunicá-lo a outrem. O "vinde a mim" significa, portanto, ide a vós, ide uns aos outros, amai-vos mutuamente.

Por mais paradoxal que esta interpretação possa parecer, ela é, contudo, a expressão da verdade. Jesus, chamando-nos a si, pretende lançar-nos nos braços uns dos outros, irmanando nossos ideais, fundindo nossos espíritos numa unidade.

A vida terrena é cheia de asperezas e amarguras, porque os homens vivem divorciados do amor. Não procedem como irmãos, mas, antes, como adversários cujo interesse está em se destruírem reciprocamente.

O caminho para irmos a Jesus é um só, e consiste, como já ficou dito, em irmos uns aos outros, em vazarmos, uns nos corações dos outros, nossas mágoas e nossas aflições. Enquanto permanecermos em atitude reservada, cheios de desconfianças, vendo em cada irmão nosso um competidor a aniquilar, ou um inimigo a vencer, havemos de suportar os males que nos afligem e perseguem desapiedadamente.

A pedra de tropeço que nos embarga o passo, conservando-nos distanciados do Senhor, é o orgulho. O orgulho é uma das formas mais funestas assumidas pelo egoísmo. Por isso, o Mensageiro do amor, o inigualável Médico das almas, que conhece a fundo todas as particularidades de nosso "ser", oferece o remédio de que carecemos: "Aprendei de mim, que sou manso e humilde de coração, e achareis descanso para vossas almas". (*Mateus*, 11:29.) Noutras palavras: Combatei o orgulho, cultivando a humildade, e achareis pronta solução para todos os problemas que vos afetam.

O orgulho é o fardo pesado, o jugo férreo, que confrange os corações. O amor, pelo contrário, é o peso leve, é o jugo suave que encanta, que inebria o Espírito, despertando nele as mais doces e ternas vibrações.

O problema da orfandade

"Não vos deixarei órfãos: eu voltarei a vós."

(João, 14:18.)

A orfandade caracteriza-se pela privação de assistência, pela ausência de todo o interesse, em suma, pelo abandono em que a criança se encontre, e não propriamente pela perda dos pais. Existem órfãos cujos pais vivem ainda, e há crianças que jamais passaram pelo duro transe da orfandade, a despeito de não haverem conhecido seus pais.

A promessa de Jesus, acima transcrita, tem-se cumprido fielmente. Ele jamais deixou de assistir seus discípulos através de todos os tempos. O evento do Espiritismo é uma prova eloquente da assistência do Senhor junto dos que procuram seguir-lhe as pegadas.

Só a ausência do amor determina a orfandade; e, ao mesmo tempo, só a presença do amor a pode extinguir. A orfandade está para o amor como as trevas estão para a luz: um elemento é incompatível com o outro, não podem subsistir ambos ao mesmo tempo.

Ser mãe não é gerar filhos. Ser mãe é amar a infância. Mãe é uma expressão que significa carinho, dedicação, desvelo, sacrifício. Para que a criança não se encontre órfã, não basta que ela tenha ao seu lado a mulher que a gerou: é preciso que essa mulher seja sua mãe.

Pai, a seu turno, quer dizer previdência e providência. Além de longâmine e misericordioso, ele prevê e provê o bem da mocidade.

Na Terra existe a orfandade, no que respeita às crianças abandonadas, porque os homens vivem divorciados da moral evangélica, completamente alheios aos ensinos e às exemplificações do Mestre divino. A orfandade atesta a ausência de Cristianismo nos corações e nos lares. Só os lares cristianizados resolverão o problema orfanológico.

Os asilos e orfanatos jamais extinguirão a orfandade, antes contribuirão para perpetuá-la. A criança asilada continua órfã. O estabelecimento que a acolhe, sua peculiar organização e disposição, os regulamentos, o meio, o *modus vivendi*, tudo ali contribuirá para que a criança tenha sempre em mente sua condição de órfã. O reverso se dará se ela for adotada por um lar cristão. A vida familiar, o convívio íntimo com seus pais adotivos e, sobretudo, a posição de filha que lhe é outorgada, depressa varrerá de sua imaginação a ideia de orfandade, porque, de fato, esse estigma terá desaparecido ao doce e suave bafejo do amor.

Asilos, como cárceres, são males necessários; atendem a uma necessidade transitória, se bem que indispensável no momento, atestando, não a caridade como erroneamente se imagina, mas a dureza de coração dos filhos deste século.

É inominável crueldade, é aberração dos mais comezinhos princípios de Humanidade, a cena contristadora que se nos oferece a cada passo, nessas crianças maltrapilhas, perambulando pelas ruas, sem pão, sem lar e sem afeto, no seio duma sociedade como a nossa, onde há tanta riqueza, tanto fausto e tanta pompa; no seio duma sociedade onde se ostentam luxuosos solares e "vilas" em cujos recintos, por vezes, não se vê desabrochar o sorriso duma criança, mas se veem, em compensação, cães de raça comendo à mesa, servidos por lacaios de libré; no seio duma sociedade onde, ao lado dos jardins, das praças, dos palácios e dos monumentos, se erguem soberbas catedrais em honra daquele que disse: "Deixai vir a mim os pequeninos, pois dos tais é o Reino dos Céus".

Nunca se viu pássaro sem ninho, nem fera sem covil. Só na sociedade dos homens se veem seus próprios filhos desabrigados, expostos aos rigores das intempéries e a toda a sorte de influências malsãs.

Voltemos nossas vistas para nossos lares. O lar é tudo: é a verdadeira escola, é o verdadeiro templo. Cristianizemos os lares: de tal depende o problema da orfandade, da

As três cruzes

miséria, da enfermidade, do vício, do crime e de todos os flagelos da Humanidade.

Naquele dia três cruzes foram levantadas no cimo do Calvário. A do meio sustinha Jesus, o Cristo, cujo crime, como é sabido, consistiu em ensinar ao povo a doutrina da igualdade de direitos perante a lei natural e divina, que mana de Deus. As laterais justiçavam, respectivamente, à direita e à esquerda, o bom e o mau ladrão.

Esses três supliciados são, ao mesmo tempo, três realidades históricas e três símbolos.

Jesus Crucificado é a imagem do amor e da dor, elementos que, conjugados, determinam e promovem a evolução dos homens. É a figura da justiça aliada à misericórdia.

O bom e o mau ladrão representam a Humanidade pecadora em sua generalidade. O primeiro reflete com admirável justeza os pecadores confessos, as almas simples, compenetradas de suas faltas, que suportam os sofrimentos e as angústias da existência com resignação e humildade, sem murmúrios nem revoltas, porque veem nessas vicissitudes o efeito das causas criadas por elas próprias. Crendo firmemente na justiça, tiram preciosos ensinamentos das provações cuja aspereza é amenizada pela maneira com que são recebidas.

O segundo espelha com notória fidelidade os pecadores relapsos, impenitentes e orgulhosos, que recebem a dor revoltados, murmurando e blasfemando. Descrendo do amor e da justiça, julgam-se vítimas de inexorável iniquidade, pois se consideram isentos de culpa, vendo-se através do orgulho que lhes oblitera o entendimento e ofusca a razão.

A Humanidade compõe-se de Dimas e de Giestas, isto é, de pecadores humildes que, reconhecendo-se culpados, fazem da cruz instrumento de redenção; e de pecadores orgulhosos que murmuram e blasfemam continuamente, contorcendo-se e escabujando na cruz que, para eles, não passa do que realmente é: instrumento de suplício.

O Filho de Deus

Por que se dizia Jesus, ora Filho do homem, ora Filho de Deus? Se Ele era filho do homem, como podia ser filho de Deus? E se era filho de Deus, como podia ser filho do homem?

Há sabedoria nesta expressão do Senhor, como, aliás, em todas as palavras que proferiu.

Ele era filho do homem porque a Criação é uma só, obedece à mesma ordem, à mesma lei com relação a todos os seres criados. Não há privilégios, não há distinção: unidade de programa, unidade de gênese, unidade de destino; Jesus, portanto, em tal sentido, é o Filho do homem; e é o Filho de Deus porque desde que o Pai o sagrou como diretor espiritual deste orbe, a cuja fundação presidiu, nela colaborando, de há muito havia Ele conquistado o Reino dos Céus; de há muito se achava integralizado na vida eterna, na imortalidade. Daí o seu dizer: "Vós sois cá de baixo, eu sou lá de cima". (*João*, 8:23.)

Jesus não é Deus, como pretendem os credos dogmáticos, tampouco é homem, no sentido vulgar, como querem as vãs filosofias negativistas. Entre o homem e Deus medeia um abismo, onde a vida palpita em seus mais belos esplendores. Se aquém da Humanidade pululam os seres inferiores, debaixo de formas incontáveis, além da Humanidade ostentam-se os seres superiores sob infinitos aspectos.

Aquém e além da Terra verifica-se o mesmo fenômeno: a vida em seu movimento ascensional e triunfante.

Os extremos da simbólica escada de Jacó, por onde desciam e subiam anjos, perdem-se, dum lado no infinitamente pequeno, doutro lado no infinitamente grande.

O microcosmo e o macrocosmo revelam Deus.

O grão de trigo

> "*Em verdade, em verdade vos digo: Se o grão de trigo caído na terra não morrer, fica só; mas, se morrer, dá muito fruto.*"
>
> (João, 12:24.)

Tais foram as palavras do Senhor referindo-se ao próximo martirológio que o esperava. Ele compreendia perfeitamente a necessidade de se sacrificar pelo ideal que encarnara, para que esse ideal vingasse e frutificasse.

Como de costume, usando aquele processo eminentemente pedagógico, o Mestre recorre às analogias para gravar seus ensinamentos. E que sabedoria profunda em tão singela semelhança?

A semente, para proliferar, há de dar-se a si mesma em holocausto. Enquanto se mantiver ilesa, em estado integral, os germes que encerra permanecerão latentes, inativos. Para que entre em ação é indispensável o sacrifício. Quando a semente desaparece, imolada no seio úmido da terra, é precisamente quando a vida surge desse aparente aniquilamento, em largos e francos borbotões. A cova não se fecha sobre ela senão para se abrir em seguida, a fim de a restituir centuplicada.

Tal é o que se passa com o homem. Para que ele dê o que de melhor encerra, é necessário dispor-se ao sacrifício de sua personalidade. Enquanto esta não se oferece em holocausto, os altos poderes do espírito jazem improdutivos, no estado de simples germes, como as propriedades ocultas no âmago da semente. No fundo de nossas almas estão escondidos tesouros inestimáveis. O personalismo impede que nos apossemos desses bens. O egoísmo — misto de orgulho e sórdida ambição —, escravizando-nos às coisas externas, não nos deixa tempo para sondarmos nosso interior.

Imaginemos a semente sempre resguardada de toda e qualquer influência, mantida em perpétuo estado de conservação. Que utilidade teria? Donde vem o valor da semente senão de sua intrínseca propriedade de germinação? E como promover este fenômeno sem a sacrificar? Mas ponderemos: a semente que frutifica seria, porventura, aniquilada? De modo nenhum. Apenas a aparência foi desfeita; a essência, a vida, porém, até então embaraçada e oculta na forma, transfundiu-se no broto, no caule, no tronco donde pendem ramos frondosos ostentando belas flores e sazonados frutos.

Eis a imagem do homem. Enquanto ele permanece egoisticamente encastelado em seu personalismo, nada pode produzir de elevado ou digno de nota. À medida, porém, que vai resolvendo dar-se em sacrifício pelas causas nobres, transforma-se numa fonte perene de bênçãos para si e para outrem.

"Quem quer ganhar a vida, perdê-la-á; quem se dispuser a perder a vida por amor do Evangelho, ganhá-la-á." (*Mateus*, 16:28.) É indispensável imolarmos nosso "eu": de tal depende todo bem presente e futuro. Não há sacrifício perdido: do menor ao maior, todos trazem consequências proveitosas à evolução de nosso espírito. Ofertemos, pois, em holocausto, nossas vaidades, nossas ambições, nosso personalismo e nossa própria vida, se tanto for preciso, para que de nosso interior resplandeça a Luz Divina que ali se esconde; para que nossas almas possam refletir, como límpidos cristais, a imagem santa de Deus a cuja semelhança fomos criados.

Sejamos como o grão de trigo que, morrendo, produz muito fruto.

Consolador

Imaginai um âmbito fechado, escuro, úmido e frio; sem ar, sem luz, sem calor. Âmbito lúgubre e tétrico, exalando mefíticas emanações, onde vasta cultura de perigosos germes e bactérias pululam. Rasgai, de súbito, nesse infecto recinto largas aberturas permitindo franca entrada aos raios benfazejos de um sol tropical; deixai que grossas lufadas de ar são e puro se cruzem, se trespassem e se interpenetrem em todas as direções, varrendo aquele âmbito malsão. Vinde, tempos depois, e verificai a transformação ali produzida pela influência daqueles agentes naturais.

Tal é a imagem do coração humano antes e depois de ser visitado pelo Espírito Santo, ou Consolador prometido por Jesus Cristo.

O Consolador não traz nenhuma mensagem determinada, nenhuma comunicação ou embaixada que se possa traduzir em linguagem terrena. Ele impregna o coração humano daquela pureza que lhe é própria; empresta-lhe algo de sua elevação, de seu bem, de sua beleza; concede-lhe uma parte de sua luz, de seu brilho, de seu esplendor; prodigaliza-se um tanto daquela paz que só se desfruta nos tabernáculos eternos, daquela doçura que só se frui no Céu.

Ao influxo desse ósculo divino, o nosso coração e a nossa vontade despertam e vibram para a conquista da vida eterna, ideal esse que encerra, em espírito e verdade, a redenção das nossas almas.

Reflexões

A primeira condição para ser feliz é saber sofrer. A segunda é crer firmemente na próxima finalização do sofrimento, visto como se trata duma situação anormal, portanto passageira. A terceira é não reter o sofrimento quando *a hora de sofrer passou*.

***

Jesus disse: "De vosso interior manarão rios de água viva". (*João*, 7:38.)

"Quem beber da água que eu lhe der, nunca mais terá sede; essa água se transformará, em seu interior, numa fonte manando para a vida eterna." (*João*, 4:14.)

"O homem bom, do tesouro de seu coração, tira constantemente coisas boas." (*Mateus*, 12:35.)

"Tudo que sai da boca vem do coração." (*Mateus*, 15:18.)

Não obstante o Mestre ter ensinado estas coisas há perto de dois mil anos, há muita gente cujo interior é um vulcão donde continuamente sai fumo, cinza e lavas incandescentes.

Por que havemos de ser crateras vomitando matérias inflamadas, que originam calamidades e disseminam a morte, quando podemos ser fontes de bênçãos, mananciais de vida e de alegria? Por que havemos de empestar o ar que respiramos, nós e aqueles que o destino colocou ao nosso lado, quando está em nós tornar a atmosfera que nos envolve pura e fresca como a brisa das montanhas? Por que abrir nossa boca para ofender e deprimir, quando ela nos foi dada para louvar a Deus e bendizer nossos irmãos? Por que conspurcar o coração, aninhando nele o ódio, o ciúme, a inveja, quando ele é, por sua natureza, o tesouro de todas as modalidades do amor?

***

Julgais que o homem bom é feliz porque nada o contraria, porque tudo corre ao sabor dos seus desejos, porque possui cabedais, porque tem ótima saúde, porque sua mulher e seus filhos o compreendem, respeitam e atendem? Enganai-vos. O homem bom tem aborrecimentos; vê, muitas vezes, seus desejos contrariados, luta com a pobreza, sofre enfermidades, suporta afrontas dos seus domésticos, é vítima de injustiças; no entanto, é feliz porque é bom, porque tira do seu interior consolação, paz e alegria de viver.

A felicidade não é causa, é efeito. As causas que a determinam estão em nosso interior, são todas de natureza espiritual. A pureza de sentimentos, a simplicidade de coração, a fé nos destinos que nos aguardam são fatores de felicidade.

Quase irredutível

Mais duro que a madeira é o cobre.

Mais duro que o cobre é o bronze.

Mais duro que o bronze é o mármore.

Mais duro que o mármore é a pedra comum.

Mais duro que a pedra comum é o granito.

Mais duro que o granito é o ferro.

Mais duro que o ferro é o aço.

Mais duro que o aço é o diamante.

Mais duro que o diamante é o coração orgulhoso: só o poder de Deus consegue reduzi-lo. Se assim não fora, seria irredutível.

As virtudes do Céu

Espírito Santo, Consolador, Paracleto, Espírito da Verdade, que significam tais denominações? Representam uma só entidade? Ou tantas entidades quantas enunciam?

No meio dessa aparente confusão há sabedoria. Se Jesus se reportasse a uma determinada individualidade, prometendo enviá-la após sua partida do cenário humano, referir-se-ia naturalmente a essa entidade sob uma única designação. Como, porém, o Mestre aludia à plêiade dos "Espíritos do Senhor, que são as virtudes do Céu", usou de várias expressões, dando assim a entender tratar-se duma coletividade, e não duma individualidade.

Jesus empregou quatro designações no singular, ao invés duma só no plural, para nos ensinar também que entre os Espíritos do Senhor reina perfeita comunhão de sentimentos e de ideias, de modo que o conjunto deles forma uma unidade. Assim se aclara, a seu turno, esta outra asserção do excelso Mestre: "Pai, quero que eles (os apóstolos) sejam *um* em mim, como eu sou *um* contigo".

Rezar e orar

Rezar é repetir palavras segundo fórmulas determinadas. É produzir eco que a brisa dissipa, como sucede à voz do sino que no espaço se espraia e morre.

Orar é sentir. O sentimento é intraduzível. Não há palavra que o defina com absoluta precisão. O mais rico vocabulário do mundo é pobre para traduzir a grandeza de um sentimento. Não há fórmula que o contenha, não há molde que o guarde, não há modelo que o plasme. O sentimento é, por natureza, incoercível. Como o relâmpago prenunciando temporal, o sentimento fere o campo de nossa consciência; e, num dado instante, penetra o âmago do infinito. Quem o retém? Quem ousa interpretá-lo? Quem o pesa e quem o mede? Só Deus o conhece, só Deus o julga com justiça, porque só Deus sabe o que são essas vibrações de nossa alma, quando para Ele apelamos na linguagem misteriosa do sentimento.

Nosso espírito sintetiza numa só vibração aquilo que o vocabulário terreno não diria após haver esgotado o derradeiro elemento de todos os seus recursos.

Orar é irradiar para Deus, firmando desse modo nossa comunhão com Ele. A oração é o poder dos fiéis. Os crentes oram. Os impostores e os supersticiosos rezam. Os crentes oram a Deus. Os hipócritas, quando rezam, dirigem-se à sociedade em cujo meio vivem. Difícil é compreender-se o crente em seus colóquios com a Divindade. Os fariseus rezavam em público para serem vistos, admirados, louvados.

Jesus amava a oração e detestava a reza. Dizia aos seus discípulos: "Vigiai e orai constantemente para não cairdes em tentação. Quando, porém, orardes, não façais como os hipócritas, que rezam em pé, nas sinagogas e nas ruas, para serem vistos pelos homens. Em verdade vos digo que os tais já receberam a recompensa. Entrai em vossos aposentos, fechai a porta, e orai em secreto ao vosso Pai que está nos Céus. Não deveis, tampouco, usar repetições ociosas, como fazem os gentios, que entendem que pelo muito falar serão ouvidos. Vosso Pai sabe o que vos é mister, antes mesmo que lho peçais". (*Mateus*, 26:36; *Marcos*, 14:38.)

Aprendamos, pois, com Jesus a amar a oração e repudiar a reza.

Alfa e ômega

A verdadeira história da Humanidade resume-se em Jesus Cristo. Divide-se em três partes: passada, presente e futura.

A passada transcorreu através das profecias que se reportavam à sua vinda. A presente escoa-se sobre os estudos e consequente assimilação da moral inigualável, da doutrina excelsa, das revelações divinas nele corporificadas, segundo a palavra redentora e as exemplificações que nos foram legadas com sua passagem por este mundo. A futura culminará na vida eterna, na conquista da imortalidade, no cumprimento, em suma, das promessas solenemente anunciadas por ele, como expressão do Verbo de Deus encarnado.

A primeira fase dessa história é a Esperança adejando em torno de seu nome divinizado pelas profecias. A segunda é a Fé na sua palavra, na aquisição do futuro brilhante nele mesmo manifesto. A terceira será a consumação do fato, a entrada triunfal do Espírito redimido no reino do Amor; nesse Reino de Deus por ele tão calorosamente anunciado.

Em tal importa a real história do homem. Através daquelas fases se desdobram os mistérios da vida humana, solucionam-se todos os problemas dos nossos destinos.

O homem é a obra em acabamento: Jesus é a obra acabada. O homem, com seus defeitos e fraquezas, impede que por ele se manifeste e se ostente a imagem da Divindade a cuja semelhança fora criado. Jesus revela Deus em sua majestade, em seu esplendor, como o límpido cristal dum espelho refletindo a imagem que o defronte. Esse o motivo por que Jesus nos foi dado como modelo. Em imitá-lo, resume-se o supremo ideal da vida humana.

Em que pesem, pois, as vãs filosofias, Cristo Jesus é e será o *alfa* e o *ômega* deste orbe que hospeda a família humana.

Patriotismo

Estudar, assimilar e praticar o Evangelho de Jesus Cristo faz patriotas, porque, consolidando o caráter, torna os homens independentes e honestos; e tais são os que, de fato, promovem o bem e a grandeza da pátria.

***

O hipócrita, o bajulador e o parasita são os três grandes inimigos da pátria. Só o verdadeiro Cristianismo, alterando a condição moral do ambiente, pode destruir essa nefasta tríade, ruína e opróbrio das nações.

***

O trabalho fecundo do povo enriquece e eleva a pátria. As classes parasitárias, que consomem e esbanjam, sem produzir coisa alguma, originam o desequilíbrio financeiro. Desse desequilíbrio vem a fome, a guerra e a peste que assolam as nações.

***

A falsa política, aliada como sempre está à falsa fé, constitui o maior e o mais perigoso elemento de corrupção social. O país, onde semelhante fator de dissolução impera, será sempre pobre, viverá sempre humilhado e pejado de dívidas; jamais se elevará nas asas do progresso, ainda que dotado de todos os favores da Natureza.

***

É preciso sanear a religião e a política, escoimando-as de hipocrisias, de mercantilismo e de toda espécie de parasitas. Só assim a pátria será livre e respeitada, porque do caráter do povo depende sua emancipação e dignidade; e o caráter não se consolida jamais numa atmosfera de mentiras e vilanias como a gerada e mantida pela falsa política em conúbio com a falsa fé.

***

Os homens guiam-se pelas ideias, movem-se pelos sentimentos. Purifiquemos o ideal, divinizemos a fé: os homens serão justos. Não é com tambores, nem galhardetes, nem uniformes bizarros ou qualquer outra exterioridade carnavalesca, que lograremos desenvolver o civismo e levantar o moral do povo. É necessário despertar-lhe os poderes internos, iluminar-lhe a razão, avivar-lhe os sentimentos obliterados. Numa palavra, é preciso educá-lo.

Culto à virtude

> "*Graças te dou, meu Pai, Senhor do Céu e da Terra, porque escondeste estas coisas aos sábios e entendidos, e as revelaste aos pequeninos; assim é, Pai, porque assim foi do teu agrado.*"
>
> (**Mateus**, 11:25 e 26.)

Que coisas são essas que, no dizer de Jesus, são reveladas aos pequeninos e inscientes, e ocultas aos sábios e entendidos?

São os predicados da alma, o bom senso, os dotes do coração.

De que serve o homem possuir largo saber e vasta erudição, sendo, contudo, um indivíduo amoral?

O saber desacompanhado da virtude degenera em vaidade, em presunção, em orgulho: mais causa dano que benefícios.

A educação abrange três aspectos distintos, que se completam: o moral, o intelectual e o físico. Do harmônico desenvolvimento dessa trindade depende a formação do caráter, que é o distintivo do homem, visto que homem sem caráter não é homem, é sombra que passa.

Houve tempo em que se imaginou que o valor estava na força. Cultivava-se então o físico com menosprezo da mente e do coração. Resultado: povos selvagens, costumes bárbaros, sociedades bastardas.

Seguidamente pretenderam que a solução do problema da vida estivesse na Ciência. Desenvolveu-se a inteligência, descurando os sentimentos. Resultado: materialismo dissolvente, mascarado com rotulagens pomposas, costumes licenciosos, sociedades corruptas.

Chegou, pois, a vez de render culto ao espírito, à virtude. Falhou a força, falhou a ciência materialista. Apelemos para o espírito: eduquemos o coração, despertemos os sentimentos.

Os homens possuídos do sentimento da moral e da ideia de justiça são elementos preciosos no seio da sociedade. Eles fazem mais e melhor para o bem da Humanidade que as inteligências de escol e as grandes mentalidades desprovidas daqueles predicados. Estes são fogos de artifício. Aqueles são faróis que iluminam e norteiam, são exemplos que convertem e edificam as nações.

O mundo precisa de homens bons e honestos. Os sábios epicuristas já deram sobejas provas de incompetência. Só os homens de probidade e de consciência salvarão a situação.

Já o iluminado Paulo dizia com grande acerto e justeza: "Se eu falar as línguas dos homens e dos anjos; se eu tiver o dom das profecias que me revele todos os mistérios; se eu, em suma, conhecer *todas as ciências* e não tiver amor, de nada tudo isso me aproveitará, e eu nada serei". (*I Coríntios*, 13:1.)

E que é o amor? O amor é o sentimento por excelência. Dele derivam todas as virtudes, pois estas não são mais que modalidades ou aspectos dele. Cultivar o amor é educar o espírito, é formar e consolidar o caráter, é realizar em verdade o objeto supremo da vida.

O Espiritismo, desfraldando seu estandarte, em cujas dobras insculpiu a legenda: — "Fora do amor não há salvação", proclama as bases da verdadeira religião, rememorando ao mesmo tempo a síntese de todas as mais belas e empolgantes revelações que o Céu, através dos séculos, tem outorgado à Humanidade.

Proêmio do Evangelho

O Evangelho é a palavra da vida que encerra a suprema e eterna verdade.

É mister, porém, que se receba uma certa luz do Céu para que se descubra, através da letra que mata, o espírito que vivifica.

Sem o auxílio dessa luz, as maravilhas desse livro passam despercebidas, mesmo às inteligências cultas e desenvolvidas.

Esse o motivo por que muitos desdenham sua leitura e seu estudo, nada descobrindo de atrativo e digno de nota, enquanto outros se sentem arrebatados todas as vezes que têm oportunidade de meditar sobre as belezas inefáveis que o Evangelho contém. Pelo mesmo motivo, uns o leem e permanecem na mesma, enquanto outros se transformam em novas criaturas após haverem percorrido suas páginas.

Não há problema que afete o indivíduo ou a sociedade, que nessa obra não se ache esclarecido, e perfeitamente elucidado, embora sob velada aparência.

O receber a luz do Céu, mercê da qual as letras evangélicas brilham mais que todas as constelações do firmamento, não constitui privilégio de nenhuma raça, povo, casta ou igreja: ela desce sobre todos os que se põem em condições de a receber.

A condição é esta: abrir mão de toda ideia preconcebida. Fazer-se pequeno e simples como as crianças (humildes); e, em seguida, pedir, bater e procurar com o interesse de quem tem fome e sede de Justiça e de Verdade.

Cristo na arte e no coração

A figura do Mestre é intraduzível. Não há pincel, por mais privilegiado que seja, capaz de a reproduzir.

A arte consiste em copiar a natureza. A natureza de Jesus transcende a tudo que se conhece na Terra.

Imaginai a doçura da criança ao lado da profundeza do sábio; a humildade do simples aliada à fulguração do gênio; a candura da donzela a par da austeridade de um juiz integérrimo; as blandícias das mães extremosas confinando com a firmeza de uma vontade varonil; a personificação da justiça culminando na encarnação do amor, e tereis a imagem do Filho de Deus.

Quem ousará traçar as linhas e os contornos, que necessariamente tal caráter imprimiu à matéria com que se fez visível e tangível no cenário humano?

Os artistas têm procurado concebê-lo sob os aspectos mais interessantes de sua vida terrena. De todos os quadros que conhecemos, o *Cristo no Horto* é o que melhor nos impressiona, conquanto ainda não satisfaça plenamente a visão íntima que dele fazemos. *O Cristo*, de Velásquez e outros, o de Limpias, cuja fama, como obra de arte, é muito justificada, não nos apraz, não nos impressiona bem. Será, talvez, falta de cultura artística de nossa parte. É bem possível. Contudo, é um quadro que não nos agrada. Representa o Cristo em agonia, tendo estampados no rosto os estigmas indeléveis da dor em seu paroxismo. É o Cristo morrendo, despedindo-se do mundo com o *consumatum est*.

É artístico, não há dúvida; mas, além de ser de um realismo brutal e feroz, não é, não pode ser a expressão da verdade quanto ao Mestre no transe da morte. Não dá ideia de Jesus com fidelidade, conforme o sinto, consoante o afirmo para mim mesmo, no meu interior. O quadro de Limpias imita perfeitamente um moribundo que se contorce, arquejante e dolorido, lábios descerrados, olhos revoltos nas órbitas.

Painel tétrico! Jamais minha alma sentiu o Cristo assim. Nunca meu entendimento concebeu o Mestre em tal atitude. É o Cristo morrendo como Ele não podia ter morrido. No entanto, poderão objetar: Jesus foi crucificado, foi um mártir que sucumbiu no patíbulo infamante. Sabemos de tudo isso; mas que nos importa, uma vez que não é esse o Jesus que nos fala na alma? Todas as vezes que apelamos para Ele, não é o moribundo que se debate nos estertores da morte, a figura que se apresenta em nossa mente. A imagem que ali sempre se desenha, e que ali trazemos gravada profundamente, é a do Cristo redivivo, amorável, doce, plácido, sereno, irradiando vida e luz, graça e poder. Nunca o invocamos que não sentíssemos logo sua influência através dos sublimes predicados que exornam seu adamantino caráter. Vemo-lo, através da energia que nos fortalece nos momentos de fraqueza; vemo-lo através da luz que nos ilumina espancando as trevas de nossa ignorância; vemo-lo através da graça que nos perdoa, que nos consola em nossas tribulações; vemo-lo através da mansuetude que acalma os arrebatamentos de nosso espírito; vemo-lo através da generosidade que dulcifica nossos sentimentos; vemo-lo finalmente no amor que nos eleva, purifica e salva. Jamais o sentimos morto, vencido, impotente; mas, antes, sempre cheio de vida, forte, varonil.

Que será que veem os que o contemplam cravado na cruz? Em tal condição, só vejo, e disso me horrorizo, a iniquidade humana tentando, em vão, emudecer o Verbo divino na sua obra de revelador da verdade ao mundo.

Diante do Cristo vivo, nossa alma se curva reverente para acolher as impressões que a nosso respeito Ele transmite. Diante do Cristo morto, os homens levantam a cabeça para lamentá-lo. Aqui, os homens se fazem juízes; ali, é o Senhor quem reflete o juízo da soberana justiça. Por isso, muitos preferem vê-lo morto na tela e senti-lo vivo no coração.

Imagem viva de Jesus

É singular e significativo o fato, por vezes verificado, de os discípulos e apóstolos de Jesus o desconhecerem, quando ressurgido. Eles esperavam que o Mestre ressuscitasse, visto como tal acontecimento constava das profecias, e a ele o próprio Jesus se reportara de modo categórico e positivo.

Portanto, parece natural que, ao verem-no, após o dia predito da ressurreição, o reconhecessem de pronto. Não obstante, deu-se o contrário; e precisamente com as pessoas que mais de perto privaram com ele, tais como Pedro, João, Maria Madalena, etc. Como se explicará este curioso caso? Quer-nos parecer que o Mestre, propositadamente, se disfarçava modificando os contornos de seu semblante a fim de colher as impressões dos seus mais íntimos a respeito dos ensinos que lhes havia ministrado. Proporcionava, assim, oportunidades, aguardando o modo de agir dos discípulos, cujos pensamentos ocultos e reservados punha a descoberto.

Que Jesus possuía poder plástico em alto grau é coisa que se não discute. Conhecendo a matéria em sua estrutura íntima, e, bem assim, as leis que presidem à organização das formas sob esta ou aquela modalidade, jogava com os elementos ao sabor da sua poderosa vontade. É assim que o vemos transfigurado no monte Tabor, com rosto luminoso, corpo refulgente e diáfano como se fora urdido de luz. No Jardim das Oliveiras, quando o buscam para o prender, irradia repentinamente esplêndido fulgor, apavorando os esbirros, que, ofuscados, caem todos por terra. No ângulo do templo, certa vez que pretendem justiçá-lo prematuramente, desaparece, porque ainda não era chegada a sua hora. Na estrada de Emaús, põe-se ao lado de dois discípulos seus, e, incógnito, discute acaloradamente com eles durante longo trajeto, só se dando a conhecer quando lhe aprouve, depois de haverem chegado a uma estalagem daquela aldeia. Madalena o vê à beira do túmulo, donde ressurgira, e, desconhecendo-o, supõe tratar-se de um certo jardineiro; João, Pedro, Tomé e outros divisam-no na praia, pela madrugada, e só logram saber que se tratava do Mestre querido após a maravilhosa pesca que Ele lhes proporcionara.

Que quer tudo isto dizer senão que Jesus imprimia ao seu semblante o cunho que lhe parecia, mostrando-se, ora no esplendor de uma glória que lhe era própria, ora sob os andrajos com que se vestem os homens deste mundo?

Até hoje, prosseguindo no desempenho de sua obra de redenção, o Cristo de Deus continua manifestando-se sob veladas aparências. Os que tiverem olhos de ver e ouvidos de ouvir, poderão vê-lo e ouvi-lo.

Sempre que em nossa mente surge certa influência, que, opondo-se ao nosso egoísmo, desperta em nós sentimentos de justiça, é Jesus que está em ação junto de nós; e como os dois discípulos de Emaús, nós não o reconhecemos. Toda a vez que uma voz interior nos advertir, tornando-nos capazes de atos de altruísmo, e de rasgos de bondade, é Jesus que, incógnito, opera em nossos corações a obra de nossa redenção; e nós, como Madalena, o procuramos sem saber onde Ele está. Quando, após lutas e porfias improfícuas, resolvemos, depois, inopinadamente, certos casos e problemas já considerados insolúveis, é Jesus que correu ao nosso apelo como outrora fez aos apóstolos pescadores que em vão lançavam suas redes ao mar.

Quantas vezes se nos deparar, nesta sociedade madrasta, o humilde perseguido e espoliado, defendamo-lo, porque esse *humilde* é Jesus Cristo disfarçado.

Quando virmos o órfão abandonado, sem pão, sem família, sem lar, roto e faminto, amparemo-lo sem perda de tempo; esse órfão é Jesus Cristo, que assim, veladamente, nos procura.

Quando, ao nosso lado, se apresentar a velhice, trôpega e desalentada, sem arrimo nem esperança, cumpre acolhê-la, cercando-a dos devidos cuidados; pois é o mesmo Jesus Cristo que assim, oculto, bate às nossas portas.

Finalmente, a viúva necessitada, o enfermo, o encarcerado, o indigente, o sofredor, seja este ou seja aquele, é, invariavelmente, a imagem viva de Jesus Cristo; a única imagem real que dele existe na Terra, a única digna do culto e da reverência dos verdadeiros cristãos, pois é aquela que envolve, sob aspectos vários, o ideal de amor que Jesus personifica.

Não é, pois, figura, não é símbolo, não é alegoria: Jesus está em plena atividade junto de nós, já influindo internamente em nossas almas, já nos impressionando pelo exterior, através da imagem viva daqueles por quem morreu cravado no madeiro infamante.

Socialismo cristão

> *"Sentando-se Jesus em frente ao gazofilácio, observava como o povo ali deitava o dinheiro. Os ricos colocavam grandes quantias; mas, vindo uma pobre viúva, lançou duas pequenas moedas no valor de cinco réis. E chamando seus discípulos, disse-lhes: 'Em verdade vos digo que esta pobre viúva lançou mais no gazofilácio que todos os ofertantes, porque os ricos deram do que lhes sobrava; ela, porém, da sua pobreza deu tudo o que possuía, tudo o que tinha para seu sustento'."*
>
> (MATEUS, 12:41 a 44.)

Se é certo, como disse o Mestre, que a mesquinha oferta da viúva tem mais valor que as vultosas dádivas dos ricos, porque representa maior esforço, é certo também que o trabalho dos humildes deve ser relativamente equiparado ao trabalho dos grandes.

O dinheiro tem valor puramente convencional. O que de fato representa valor real são as nossas energias quando em plena atividade. É dessas energias que surgem as cidades, as metrópoles com todas as suas expressões de progresso. Ora, energias tanto se desprendem do cérebro como dos músculos. O trabalho intelectual, por conseguinte, não vale infinitamente mais que o trabalho manual.

O operário e o jornaleiro, que despendem o máximo de seu esforço no desempenho dos seus modestos labores, devem perceber uma remuneração mais ou menos equivalente àquela que percebem os intelectuais.

O arquiteto traça o plano de um edifício: o operário executa-o. Este recebe uma nonada pelas energias de seus músculos, enquanto aquele outro faz jus a pingues honorários pelas energias de seu cérebro. Ambos deram o que tinham, ambos se desempenharam, valendo-se de suas respectivas aptidões. Por que, então, tamanha desigualdade na retribuição?

O advogado exige, por um simples parecer, dezenas, centenas de cruzeiros. O jornaleiro labuta de manhã à noite por vinte e cinco tostões. O médico faz-se pagar a seu talante pela cura que faz, e até pela que não faz. O operário ganha sempre pouco, e isso mesmo quando se desempenha cabalmente do mister a que se dedica. Onde a justiça? Não são todos necessários — operários e intelectuais? Não empregam ambas as classes o mesmo processo no trabalho — despesas de energias? Que importa que uns exercitem os músculos e outros o cérebro? As mãos serão superiores aos pés? As pernas valerão menos que os braços? A cabeça é mais que o tronco? Ou não serão, antes, iguais todos os membros de nosso corpo, visto que todos são igualmente necessários e indispensáveis na harmonia do conjunto? O mesmo critério deve vigorar no que concerne aos membros da sociedade.

Caruso, deleitando com sua voz maviosa os nababos nova-iorquinos, legou aos parentes colossal fortuna. O mestre-escola da roça morre e deixa a família na miséria. Mas, dir-se-á, Caruso foi um artista. O sapateiro também o é, e muito digno. A arte de Caruso é de outra esfera mais elevada? Que importa? Uma é bela, outra é útil. O ouro é mais caro que o ferro, mas este é mais útil que aquele. A privarem-nos de um deles, seja antes do ouro, com todo o seu valor fictício, que do ferro com sua inestimável importância utilitária.

As belas-artes devem ser cultivadas porque contribuem para a educação dos nossos sentimentos. As artes que não são belas, mas são necessárias, devem por sua vez merecer estima pelos proventos, benefícios e comodidades que nos proporcionam. Ao elevarmos uma, não amesquinhemos outra.

"Se a vossa justiça", disse o Mestre aos seus discípulos, "não for superior à dos escribas e fariseus, não entrareis no Reino de Deus." (*Mateus*, 5:20.)

Capital e trabalho, cérebro e músculos, que até aqui viveram em constantes atritos, tudo têm a lucrar fazendo as pazes. Sob a égide bendita do puro Cristianismo, devem-se irmanar, vivendo em perfeita harmonia como fatores que são do progresso material e moral da Humanidade. E "bem-aventurados serão aqueles que em mim (em minha doutrina) não encontrarem motivos de escândalo", preveniu o Senhor.

Crer ou não crer

Crer, ou não crer, pouco ou quase nada deve influir no juízo que Deus faz dos homens.

Os motivos, as razões profundas que levam o homem a crer ou a não crer, é que hão de influir necessariamente no espírito divino. A sinceridade, a convicção, a atitude firme e leal às vozes que partem do âmago insondável de nossa alma, eis os elementos ou dados que pesam na balança da suprema justiça.

O que não crê por convicção vale mais que aquele que tem crença supersticiosa ou alimentada por motivos egoísticos. Imaginemos dois indivíduos: um deles crê, outro não crê. Este, apesar de descrente, é sincero, honesto, justo e amorável; faz o bem que pode ao seu próximo e procura melhorar seu caráter. O outro, a despeito de crente, é desleal, sem escrúpulos, injusto e duro de coração. Da dor e do infortúnio alheio, passa de largo, como o sacerdote e o levita da parábola. Quem ousará afirmar que o fiel da balança, intérprete da indefectível justiça de Deus, penderá a favor deste crente e não em prol daquele descrente? Que razão equilibrada, que consciência esclarecida teria dúvidas em decidir pelo descrente honesto e sincero, admitindo que lhe fosse dado julgar?

John Wesley, fundador (a contragosto) do Metodismo, cuja história poucos, em nosso meio, conhecem, teve a seguinte sugestiva expressão considerando o caráter de Marco Aurélio: "Que pagão esquisito. Não duvido que seja dos muitos que virão do Oriente e do Ocidente para se sentarem à mesa com Isaque e Jacó, enquanto os filhos do reino (cristãos nominais) serão expulsos".

O grande Wesley, portanto, decide francamente pelo piedoso, contra o crente cuja fé não representa uma força viva para o bem. O mesmo Wesley também disse: "acho muito duvidoso que Judas tenha lugar tão quente no inferno quanto Alexandre Magno".

Segundo seu critério, o traidor do Mestre era menos criminoso que o conquistador cuja vida aventurosa tanta efusão de sangue inocente havia provocado. Judas era também um crente, estava ao lado de Jesus, comungando com Ele. Paulo era declaradamente contra o Cristianismo, cujos prosélitos perseguia sem dó nem piedade. Na lapidação de Estêvão, o primeiro mártir da nova fé, Paulo toma parte saliente. Não obstante, Judas, crente nominal, vende Jesus por trinta dinheiros, e Saulo, transformado em Paulo, torna-se o maior apóstolo do Cristo.

Donde veio tal metamorfose? De crer ou de não crer em Jesus Cristo? Pois o que não cria deu extraordinário incremento à obra do Cristianismo, enquanto aquele que cria se tornou anátema da doutrina e da fé cristã. É que Saulo era sincero, tinha convicções, e Judas dissimulava. Este agia por egoísmo, aquele se batia por um ideal. Que importa que laborasse em erro? O que importa são os motivos, as razões profundas por que Saulo se agitava. A revelação do Céu iluminou-lhe a mente, dulcificou-lhe o coração. Ele fez jus à voz da redenção, não porque cresse ou deixasse de crer, mas porque era leal, fiel ao seu foro íntimo, altar onde Deus pontifica. Judas não teve uma visão celeste que o desviasse do mau caminho como teve Saulo; e isto simplesmente porque Judas era infiel à própria consciência.

Os inimigos do Senhor achavam-se entre os crentes, entre os que mais se distinguiam na hierarquia eclesiástica da época. Seus acusadores acerbos junto a Pilatos, de quem arrancaram à força o *veredictum* condenatório, foram pontífices, sacerdotes e exegetas escriturísticos.

"Crer ou não crer" não tem o valor de "ser ou não ser". Este último dilema é positivo, enquanto aquele outro é nebuloso, dá margem a sentidos ambíguos, pode dizer muita coisa como também pode achar-se vazio de senso e de importância. Há crentes que são exemplos de virtudes como também há outros que se distinguem pela hipocrisia, pelo fanatismo, pela intolerância e pelo desamor.

Jesus — que sondava o íntimo e não se deixava jamais levar pelas aparências e pelas palavras — disse a respeito de tais crentes: "Não importa que me conheçais, nem que me tenhais entoado louvores, nem que houvésseis praticado prodígios em meu nome; não vos conheço, apartai-vos de mim, vós que praticastes iniquidades".

Lázaro e o rico

"Havia um homem rico, vestido de púrpura e linho, que se banqueteava esplendidamente todos os dias. Havia também um mendigo, por nome Lázaro, todo coberto de chagas, que costumava deitar-se à sua porta, desejando fartar-se das migalhas que de tão lauta mesa caíam, mas ninguém lhas dava; e os cães vinham lamber-lhe as úlceras. Sucedeu morrer este mendigo. Vieram os anjos e levaram-no ao seio de Abraão. Morreu também o rico e foi sepultado no Hades. E, achando-se em tormentos, levantou os olhos e viu ao longe Abraão e Lázaro em seu seio. E, gritando, disse: 'Pai Abraão, compadece-te de mim; manda Lázaro que, molhando a ponta do seu dedo, venha refrigerar-me a língua, pois sou atormentado nestas chamas'. Respondeu Abraão: 'Filho, lembra-te do passado, quando gozavas teus bens, enquanto Lázaro não tinha senão males e dores; por isso, está ele consolado, e tu em tormentos. Demais, entre nós e vós, medeia um abismo: os de cá não podem transpô-lo, passando para lá, nem os de lá podem fazê-lo, transportando-se para cá'.

Disse então, o rico: 'Eu te rogo, nesse caso, que o mandes a casa de meu pai, onde tenho cinco irmãos, a fim de que os advirta para não suceder virem eles também parar neste lugar de tormentos'. Retorquiu Abraão: 'Eles têm Moisés e os profetas: ouçam-nos'. 'Mas', objetou o rico, 'se lhes falar algum dentre os mortos, eles atenderão, mudando de caminho.' 'Não creias', contestou Abraão: 'se eles não aceitam as Escrituras, tampouco se persuadirão pela voz dos mortos'".

(LUCAS, 16:19 a 31.)

Vemos representados nesta parábola os dois extremos: opulência e miséria. Ricos e pobres são Espíritos em provação. A indigência é uma prova dura. A riqueza é uma prova perigosa. É mais fácil vencer nas privações e no infortúnio que no fausto e nas grandezas. Por isso Lázaro venceu, e o rico sucumbiu. A pobreza gera certas virtudes: a paciência, a humildade e a fé; daí as probabilidades de êxito. A riqueza oblitera os sentimentos, desenvolve o egoísmo, acirra o orgulho, tornando o homem licencioso, amigo de bebedices e deleites: daí a origem das falências. A pobreza revigora o caráter, espiritualiza. Os grandes cabedais entibiam, afrouxam a vontade, e animalizam a criatura.

É o que nos ensinam as duas personagens que figuram nesta parábola.

Os Espíritos são submetidos a provas por vários motivos que redundam sempre em benefício deles:

a) para se conhecerem, descobrindo as falhas do caráter, isto é, as qualidades a conquistar e os defeitos a corrigir;

b) para desenvolverem as energias latentes e os atributos de que são dotados, especialmente o da vontade;

c) para terem oportunidades de ascender na senda do progresso, galgando planos elevados.

Lázaro fortificou-se na dor: resistiu, venceu, subiu. O mesmo rico, apesar de sucumbir, tirou sérios proveitos da própria queda. Acordou para a realidade, arrependeu-se, humilhou-se, e mostrou interesse pela sorte dos irmãos; numa palavra: as cordas de seus sentimentos despertaram. Ele viu Lázaro. Não viu os demais. Certamente não era Lázaro o único habitante da celestial mansão; mas, cumpria que o rico o visse, porque fora sobre ele que incidira a dureza do seu coração. O algoz deve ver e reconhecer sua vítima.

Os efeitos de nosso proceder durante a existência atual vão refletir-se na outra vida. O rico banqueteava-se, ria, folgava. Lázaro gemia, chorava resignadamente. Vem a morte e a ambos arrebata, porque a morte é inexorável. O corpo para o túmulo, a alma para o juízo. A consciência é a faculdade que o Espírito possui de refletir sobre si mesmo a luz da Divina Justiça. Cada um traz consigo o seu juiz. Por isso o rico se viu envolvido nas chamas devoradoras do remorso, enquanto Lázaro fruía o repouso do justo. Semelhantes condições, fruto e consequência de causas opostas, não podiam confundir-se: eram bem distintas. Daí o dizer de Abraão: Entre nós medeia um abismo. Abismo de ordem moral, visto como Abraão e o rico se viam e conversavam. Para o Espírito culpado ou falido se reabilitar não basta o arrependimento, que é o primeiro passo a dar; é necessária a reparação. Portanto, o rico não podia ser atendido em seu pedido. Cumpria-lhe voltar à Terra, e reparar o mal. "Quem com ferro fere, com ferro será ferido." "O Pai perdoa, o Filho perdoa, mas o Espírito Santo não perdoa." A consciência exige que se esgote o cálice do pecado. Só se apaga de todo a lembrança dolorosa do mal praticado, depois de substituída pela reminiscência grata e suave do bem. Eis o que se infere das palavras de Abraão: Os daqui não passam para lá, nem os de lá passam para cá.

Os anjos inspiram os homens quando eles se põem em condições de os receber. Se o orgulho os cega, o egoísmo os embota e a má-fé os envolve, a luz sideral não pode atingi-los. Mister, então, se torna que os desperte a reação forte e dura de suas mesmas ações, como sucedeu ao rico desta parábola. De tal sorte, aquele outro pedido seu não podia ser satisfeito, conquanto ele o fizesse na melhor intenção, porque a Lei não se altera. Seus irmãos não atenderiam à voz de além-túmulo, como não atendiam às Escrituras.

Tais são os muitos e relevantes ensinamentos que, à luz da Nova Revelação, transparecem deste belo e sugestivo apólogo de Jesus Cristo.

Dignidade e orgulho

> *"Se o teu irmão pecar contra ti, vai repreendê-lo entre ti e ele só. Se te ouvir, ganho terás teu irmão; mas se não te ouvir, leva contigo uma ou duas pessoas, para que por boca de duas ou três testemunhas toda a questão fique decidida. Se, apesar disso, ele recusar atender-te, dize-o à Igreja; e se também recusar ouvir a Igreja, considera-o como gentio."*
>
> (**Mateus**, 18:15 a 17.)

Eis aí quanto esforço manda o Mestre que se empregue no sentido de anular uma desinteligência qualquer, antes que ela assuma o caráter de inimizade, tornando-se em causa de separação.

Muito vale, aos olhos do Senhor, a amizade de um irmão, para que nos aconselhe pôr em prática, em prol de sua conservação, todos os meios ao nosso alcance.

Desmanchar dúvidas, alisar nugas, dissipar essas nuvens que comumente se apresentam no horizonte da vida fraternal ou de relação, antes que essas nuvens degenerem em tormentosa procela, é dever primacial de todo aquele que aspira a seguir as pegadas do Filho de Deus.

Infelizmente, porém, longe estão os homens de proceder como ensina o Mestre.

Parece-nos que não haveria rusga que se não desfizesse, nuvem que se não dissipasse, uma vez posto em prática o conselho do Salvador. Os homens, como as nações, viveriam em paz. A Terra não se embeberia mais de sangue, o mundo deixaria de ser teatro de homicídios e guerras fratricidas.

Mas como se há de procurar o ofensor empregando assim tanto esforço, buscando tantos meios de reconciliação, se tal atitude aparece aos olhos humanos como ato de covardia? Onde está, dizem a uma voz, a dignidade da vítima?

Assim raciocina o orgulho humano. Sim, o orgulho, porque não é a virtude, mas as vis paixões que sempre se antepõem, qual pedra de tropeço, no caminho que conduz o homem à realização dos seus gloriosos destinos.

Isso a que os homens chamam — *dignidade* — e cuja defesa espetaculosa fazem em duelos à pistola, à pena e à língua, é explosão do orgulho; nada mais.

A verdadeira dignidade requer defesa no interior e não no exterior. É dentro, e não fora de nós, que a dignidade reclama defesa. Ninguém pode atentar contra nossa honra e nosso brio, senão nós mesmos.

O homem não é digno nem indigno, bom nem mau, porque os demais o digam; o homem é digno e bom quando a dignidade e o apuro dos sentimentos constituem predicados de seu caráter. Ele será indigno e mau sempre que realmente existam máculas indeléveis em seu íntimo.

É do coração que vem a virtude como o vício, o bem como o mal. É à luz da consciência que o homem se engrandece ou se avilta. Nesse recesso, nenhum elemento tem ação.

O homem que opõe uma ofensa a outra ofensa, que fere ou mata por desforço, age sempre impelido pela tirania das paixões, jamais por princípio de legítima dignidade. Aquilo que defende é precisamente o que deveria deixar morrer em si: o orgulho.

A verdadeira dignidade é calma e serena: tem confiança em Deus e na sua Justiça. É inacessível aos botes do inimigo. Não pede defesa de fora, porque se sente defendida e amparada sobejamente na força do próprio caráter, do qual faz parte integrante.

Deixemos, pois, que morra à míngua de defesa o nosso orgulho, e pratiquemos a sublime doutrina de Jesus Cristo, com respeito a tudo que serve de causa de separação e de odiosidade.

"Bem-aventurados os pacificadores, porque eles serão chamados filhos de Deus." (*Mateus*, 5:9.)

Tirai a pedra

Acudindo ao apelo de Marta e Maria, irmãs de Lázaro, que havia falecido, Jesus foi a Betânia. Ali chegando, dirigiu palavras de consolação e de afeto à família desolada, prometendo ressuscitar o pranteado morto.

Em seguida, referindo-se a este, indagou: "Onde o pusestes?". Aqueles que o rodeavam lhe responderam: "Senhor, vem e vê". Jesus, em extremo compungido, encaminhou-se ao túmulo: era este uma gruta a cuja entrada estava posta uma grande pedra. Disse Jesus: "Tirai a pedra". Removeram-na, então, seus discípulos. E o Filho de Deus, levantando os olhos ao Céu, rendeu graças ao Pai, e clamou em alta voz: "Lázaro, vem para fora!". E Lázaro ressuscitou. (*João*, 11:43.)

Jesus, que restituiu a vida ao cadáver sepulto já havia quatro dias, não poderia remover, pela força do seu "querer", a pedra que fechava a porta do túmulo? Ele, que fez o mais, por que não fez o menos? Quem diz a um morto — ressurge —, não pode dizer a uma pedra — remove-te daí?

Concluímos, desse proceder do Mestre, que Deus está pronto a fazer por nós aquilo que nós, jogando com nossos próprios recursos, não podemos fazer. Os discípulos não podiam ressuscitar Lázaro, mas podiam remover a pedra que selava a entrada do sepulcro onde ele se achava.

O divino age onde o humano é impotente para agir. O dom de Deus é gratuito, contanto que o homem satisfaça uma única condição: remova a pedra. O homem há de fazer o menos para que Deus faça o mais. A graça de Deus enche e transborda os corações que a desejam e a solicitam, uma vez que a pedra esteja removida.

A pedra é a nuvem que esconde a luz do céu, impedindo que ela ilumine nossas almas. A pedra é o empecilho, é o obstáculo que embarga o dom de Deus, não permitindo que esse dom opere milagres por nosso intermédio. A pedra é a mole que cerra a entrada do túmulo onde nos achamos retidos, embaraçando nossa ressurreição. A pedra é a barreira, é a muralha, é a bastilha que não nos deixa ouvir a voz do Salvador, clamando sempre à porta do nosso jazigo: Vem para fora!

A pedra é o nosso egoísmo, a pedra é o nosso orgulho. A pedra é o nosso desamor. Removamo-la sem perda de tempo, para que a graça de Deus opere em nós, e por meio de nós, estupendas maravilhas.

Sim, tirai a pedra, ó vós que escrevestes estas linhas! Tirai a pedra, ó vós que estas linhas acabastes de ler!

O *álcool*

Quem já não está farto de saber que o álcool é fator de degenerescência orgânica? Que é o veneno que tem intoxicado a Humanidade através dos séculos, gerações após gerações?

Quem, porventura, ou melhor, por *desventura*, ignora ainda que o álcool é o corrosivo por excelência das membranas e mucosas que forram o aparelho digestivo; que uma vez ingerido não é eliminado, passando a corromper a corrente sanguínea; que é o maior desequilibrador do sistema nervoso, cujas células intoxica, produzindo anormalidades de toda a espécie; que é o estrangulador do fígado, onde acarreta, ora atrofia, ora hipertrofia, degenerando-o em sua estrutura; que é o responsável pelos acidentes cardíacos em sua grande generalidade; que é, segundo afirmam os mais acatados especialistas, a causa direta da loucura em inúmeros casos; que a sua influência deletéria e eminentemente envenenadora é transmissível de pais a filhos; que é a origem da imbecilidade e do cretinismo, fatos verificados em descendentes de alcoólatras. Tudo isso, e mais ainda, é sabido, é cediço mesmo. Não obstante, parece que a Humanidade desconhece semelhante coisa. O alcoolismo aí está em toda a sua nudez. Por toda a parte se bebe álcool. Sua aquisição está ao alcance de toda a gente. Há para todos os paladares e para todas as classes: grandes e pequenos, dignitários e plebeus, regulares e seculares, homens e mulheres, adultos e crianças. É mais fácil encontrarem-se fornecedores de álcool que de qualquer gênero de primeira e irremediável necessidade. Aos domingos, dias santos e feriados, fecham-se as lojas, os armazéns, as mercearias, os mercados e até as farmácias; mas escancaram-se impudicamente as portas dos bares, dos botequins e dos quiosques para distribuição larga e franca do terrível intoxicador da Humanidade. É possível que se não encontre quem nos venda pão ou medicamento; onde jogar e beber, topa-se dez vezes, de dia ou à noite, numa só quadra de qualquer rua das cidades *modernas e civilizadas.*

Jogo, álcool, fumo e cocaína constituem artigos indispensáveis aos homens deste século. Os não toxicomaníacos contam-se por exceção, parecendo até que são eles os anormais.

Dir-se-á que o vício triunfa em toda a linha. As autoridades civis e eclesiásticas que têm ascendência sobre as massas populares, que têm poder para coibir esses flagelos que abastardam e aviltam o povo, nada fazem de eficiente. Não dispõem, talvez, de tempo para cuidar de nonadas. As autoridades civis tratam de política; e as autoridades eclesiásticas, dos vários credos religiosos, tratam de se combater mutuamente, porfiando a primazia na salvação das almas, de um inferno e de um purgatório que jamais existiram senão na astúcia dos que exploram semelhante crendice.

A atração da cruz

De ingratidão, todos, neste mundo, mais ou menos se queixam. Comumente os pais, com relação à atitude dos filhos, experimentam o pungir acerbo desse espinho, embora nada deixem transparecer que o denuncie.

No entanto, a ingratidão, como, aliás, o mal sob qualquer modalidade, é uma nuvem fugaz. Em realidade, a ingratidão não existe; o que de fato se dá é maior ou menor delonga no reconhecimento do benefício recebido.

Quando o indivíduo recebe o bem, e de pronto se mostra reconhecido, dizemos que ele é grato. Quando, porém, o recebe e não oferece demonstração alguma de reconhecimento, menosprezando mesmo o benfeitor, dizemos que tal pessoa é ingrata. Erramos com tal critério. Somos apressados. Julgamos que o reconhecimento não existe, porque deixou de se manifestar imediatamente.

Mas quem nos afirma que se não manifestará mais tarde? Manifestar-se-á fatalmente, porque tal importa numa consequência de evolução, lei eterna e imutável que rege a Criação debaixo de todos os aspectos, estados, condições. A ausência de reconhecimento pelos benefícios recebidos é atestado eloquente de inferioridade moral. É prova de que o beneficiado não se acha no mesmo nível moral do benfeitor: daí a falta de correspondência, de reciprocidade no afeto e na dedicação.

Aqueles a quem fazemos o bem ficam sendo nossos, ainda que disso não se apercebam; e, quanto mais pura tenha sido a nossa intenção, e maior o esforço empregado, mais nossos eles se tornarão. Não importa o tempo para a consecução das Leis de Deus. Os dias da ingratidão passam como a sombra. Os ingratos deixarão de o ser desde o momento em que as cordas de seus sentimentos comecem a vibrar, tangidas pela força incoercível de uma consciência acordada. E que à noite da consciência sucede a aurora, quem ousará contestar?

O acerto deste enunciado ressalta destas palavras proferidas sentenciosamente pelo maior expoente da moral divina: "Quando eu for levantado, então atrairei todos a mim". (*João*, 12:32.)

Jesus reportava-se à sua crucificação, cujo objeto, à medida que fosse compreendido, iria atraindo a ele os corações daqueles por quem se devotara, promovendo-lhes o sumo bem à custa dos mais ingentes sacrifícios.

A cruz, de instrumento de suplício, tornar-se-ia ímã de amor. Mas, como se sabe, o ímã só atrai elementos que com ele tenham certa afinidade. É indispensável haver correspondência entre o corpo que atrai e o corpo que é atraído. Da mesma sorte, é mister que o nível moral do homem irreconhecido suba, que os sentimentos se afinem e se depurem no cadinho da dor, para que ele compreenda a natureza daquela obra de redenção consumada na cruz do Calvário, em seu benefício.

Desde que comece a reconhecê-la, ele irá sentindo necessidade de manifestar seu reconhecimento por aquele que o amou muito antes de ser amado, até que, dobrando os joelhos, se prostrará, como o leproso samaritano, aos pés do seu maior benfeitor e salvador — Jesus Cristo, rendendo-lhe assim o inalienável preito de imensa e imorredoura gratidão.

Mestre e Salvador

Jesus apresentou-se perante a Humanidade como mestre e salvador.

"Eu sou o vosso mestre", dizia Ele aos que o rodeavam para escutar sua palavra sempre inspirada e convincente.

Nós somos, pois, seus discípulos: Ele é nosso Mestre.

Mestre é aquele que educa. Educar é apelar para os poderes do espírito. Mediante esses poderes é que o discípulo analisa, perquire, discerne, assimila e aprende.

O mestre desperta as faculdades que jazem dormentes e ignoradas no âmago do "eu" ainda inculto.

A missão do mestre não consiste em introduzir conhecimentos na mente do discípulo: se este não se dispuser a conquistá-los, jamais os possuirá.

Há deveres para o mestre e há deveres para o discípulo. Cada um há de desempenhar a parte que lhe toca.

Entre aquele que ensina e aquele que aprende, é preciso que exista uma relação, uma correspondência de esforços, sem o que não haverá ensinamento nem aprendizagem.

Quanto mais íntima a comunhão entre o mestre e o discípulo, melhor êxito advirá para quem ensina e para quem aprende.

O mestre não fornece instrução: mostra como é ela obtida. Ao discípulo cumpre empregar o processo mediante o qual adquirirá instrução. O mestre dirige, orienta as forças do discípulo, colocando-o em condições de agir por si mesmo na conquista do saber.

Para que a comunhão entre o mestre e o discípulo seja um fato, é absolutamente indispensável o concurso, a cooperação de ambos. O termo comunhão significa mesmo correspondência íntima entre dois ou mais indivíduos identificados num determinado propósito.

Se o mestre irradia para o discípulo e o discípulo não irradia para o mestre, deixa de haver correspondência entre eles, e o discípulo nenhum aproveitamento tirará das lições recebidas.

Jesus veio trazer-nos a Verdade. Fez tudo quanto lhe competia fazer para o cabal desempenho dessa missão que o Pai lhe confiara. Não poupou esforços: foi até ao sacrifício.

Resta, portanto, que o homem, o discípulo, faça a sua parte para entrar na posse da Verdade, essa Luz que ilumina a mente, consolida o caráter e aperfeiçoa os sentimentos.

Aqueles que já satisfizeram tal condição, vêm bebendo da água viva, vêm apanhando, dia por dia, partículas de Verdade, centelhas de Luz.

Os que deixaram de preencher a condição permanecem nas trevas, na ignorância; e nas trevas e na ignorância permanecerão até que batam, peçam e procurem.

Jesus veio trazer-nos a redenção. É por isso nosso salvador. Mas só redime aqueles que amam a liberdade e se esforçam por alcançá-la.

Os que se comprazem na servidão das paixões e dos vícios não têm em Jesus um salvador. Continuarão vis escravos até que compreendam a situação ignominiosa em que se encontram, e almejem conquistar a liberdade.

Jesus não é mestre de ociosos. Jesus não é salvador de impenitentes. Para ociosos e impenitentes — o aguilhão da dor.

O sangue do Justo foi derramado no cumprimento de um dever que lhe fora imposto: não lava culpas nem apaga os pecados dos comodistas, dos preguiçosos, dos devotos de Epicuro e de Mamon.

A redenção, como a educação, é obra em que o interessado tem de agir, tem de lutar desempenhando a sua parte própria; sem o que, não haverá para ele mestre nem salvador.

A redenção, como a educação, é obra que se realiza gradativamente no transcurso eterno da vida; não é obra miraculosa que se consuma num momento dado.

E por ser assim é que Jesus dizia: "Aquele que me serve siga-me, e onde eu estou estará aquele que me serve". (*João*, 12:26.)

Seguir: eis a ordem. Sempre avante: eis o lema do estandarte desfraldado pelo Mestre e Salvador do mundo.

O pão da vida

> "Disse, então, Jesus: 'Em verdade vos digo que não foi Moisés quem vos deu o pão do céu; porque o pão que vem de cima, mandado por Deus, é aquele que desceu do Céu e dá vida; o que vem a mim, de modo algum terá fome; e o que crê em mim, nunca jamais terá sede. Quem come a minha carne e bebe o meu sangue, tem a vida eterna'."
>
> **(João, 6:12, 33 e 54.)**

Jesus é o pão da vida. Assim como o corpo precisa de alimento para entreter a vida física, assim também a alma tem absoluta necessidade de substância para conservar e intensificar a vida psíquica. Há vida animal e há vida espiritual. Há pão para o corpo e há pão para o espírito.

Quando o corpo não se alimenta normalmente, enferma, definha e sucumbe mesmo, se não consegue equilibrar suas funções. Do mesmo modo, o espírito que se privado pão que lhe é próprio é um doente, é um tarado, é um morto moral. Para que ressuscite e se mantenha vivo, é preciso que normalize suas funções. Há órgão do corpo e há órgão do espírito. O aparelho digestivo é órgão da nutrição animal. A razão é órgão da nutrição espiritual; é o estômago da alma. O estômago digere o alimento para que o mesmo se torne assimilável pelo corpo. A razão tem uma função idêntica para o espírito: digere, prepara o bolo alimentício para ser incorporado na alma.

A verdadeira fé só nasce, floresce e frutifica no espírito bem alimentado, forte, sadio. Essa fé não teme a razão. Ela a encara face a face, porque é o produto dessa mesma razão, como o sangue é o produto de uma boa e sã alimentação, perfeitamente digerida e assimilada. O sangue é a base da vida animal. A fé é o fundamento da vida espiritual. Os órgãos da digestão preparam o sangue. A razão bem equilibrada produz a fé. Não há saúde animal com mau estômago. Não há saúde espiritual quando a razão é falha em sua função.

Jesus é o emblema do pão espiritual, porque personifica a moral divina em sua plenitude: é o Verbo de Deus que se fez carne.

Ele dá-se a si mesmo, como alimento, a toda alma faminta, morta para a vida espiritual. Não obstante, Jesus exige que a razão funcione, digira, assimile o pão fornecido. De outra sorte, não haverá aproveitamento: a anemia persistirá, a ressurreição jamais se operará.

O Romanismo sonegou o pão da vida personificado no Evangelho de Jesus, dando em seu lugar o joio. O trigo fortifica, enquanto o joio entontece. Daí o estado de desequilíbrio, de enfermidade em que o mundo se acha.

O Protestantismo, arrebatando o pão da vida, engoliu-o: não mastigou, não digeriu, não assimilou.

As igrejas divorciadas da razão, desprovidas portanto de órgão de nutrição, como hão de aproveitar o pão da vida que desceu do Céu? Como se há de alimentar a Humanidade com aquela substância que vivifica para a eternidade?

A fé não admite formas como os sapatos. É, por natureza, incoercível. Ela há de acompanhar a razão em seu desabrochar, em sua evolução, sem peias, com a máxima liberdade. Encarcerá-la é desnaturá-la.

Não é com drogas e panaceias que se nutre o corpo; é com pão. E o pão deve ser convenientemente mastigado, digerido, para ser assimilado. Não será, do mesmo modo, com doutrinas de escola, eivadas de egoísmos e preconceitos, que se há de equilibrar o organismo social desta Humanidade enferma. É mister que se lhe dê a comer o pão que desceu do Céu, isto é, faz-se absolutamente preciso que se inocule nas consciências a moral inconfundível do puro Cristianismo, tal como o pregou e exemplificou o Filho de Deus.

Tal é a missão do Consolador Prometido: ministrar aos homens de boa vontade aquele pão, do qual quem come nunca mais tem fome, e aquele vinho, do qual quem bebe nunca mais tem sede.

A missão de Jesus

Jesus não veio ao mundo fundar uma igreja como tantas já então existentes no seu tempo.

Não há paralelo entre Jesus e Maomé, entre Jesus e Buda, entre Jesus e Lutero, entre Jesus e o papado romano.

Os organizadores de seitas religiosas agiram visando a estabelecer igrejas suas, com caráter pessoal, embora se reportassem às tradições, às Escrituras, à ética, à Ciência ou a qualquer outra base. Todos eles personalizaram seus feitos. Daí a origem dos cismas e das facções que dividiram a família humana em torno de um ideal cujo objetivo fundamental é precisamente o contrário: é unir e irmanar os homens numa aspiração comum, na consecução de destinos que são os mesmos para todos. Referimo-nos ao alvo da Religião.

Jesus não trouxe à Terra um sistema religioso a mais.

Ele teve por missão revelar Deus à Humanidade. No desempenho desse mandato revelou ao mundo a Religião. Revelando a Religião, proscreveu as religiões.

Encarnando Deus e a sua Justiça, Jesus instruiu os homens no conhecimento da Verdade eterna de cuja ignorância provêm todos os males e todos os sofrimentos.

Encarnando Deus e a sua Justiça, não fez obra divina: revelou a obra divina. Destruiu o personalismo, a escolástica, o sectarismo, fazendo ver aos homens que eles devem buscar conhecer a Religião e não pretender criar religiões, visto como a Religião é a Verdade e a Verdade é eterna, coexiste com Deus.

Tal é o que depreendemos das suas palavras: "Nada faço de mim mesmo, mas em tudo procedo conforme a vontade do Pai. A doutrina que ensino não é minha, mas daquele que me enviou. Quem me rejeita, não rejeita a mim próprio, mas àquele que me enviou". (*João*, 8:28; *Lucas*, 10:16.)

Deus se revela ao mundo debaixo de todas as formas. As maravilhas da Criação, a harmonia dos astros e do Universo em geral, a sabedoria das leis que regem a mecânica celeste — são manifestações inequívocas da Divindade. Contudo, Deus precisava revelar-se no íntimo do homem. Deus quis manifestar-se através do bem, como já se havia manifestado através do belo. Quis mostrar-se no interior, como já se havia mostrado no exterior. O mundo já o conhecia na exteriorização de sua força, do seu poder, da sua inteligência, da sua sabedoria. Era absolutamente necessário que o conhecesse através do seu amor. Já o tinham visto como o Supremo Arquiteto, Senhor dos Céus e da Terra. Era, porém, mister que o conhecessem na intimidade, como Pai, através do perdão, da misericórdia, da solicitude, da longanimidade.

Neste ambiente não havia quem pudesse revelá-lo sob tal prisma. Veio, então, Jesus ao mundo, desempenhar essa missão.

A natureza revela Deus objetivamente, Jesus no-lo revela subjetivamente, através do amor, da verdade, da justiça. A natureza fala-nos de Deus à razão. Jesus fala-nos de Deus ao coração.

Os profetas, como intermediários entre o Céu e a Terra, falaram de Deus como homens. Jesus, como Cristo, fala de

Deus na qualidade de oráculo do próprio Deus. Os profetas refletiram Deus através das imperfeições humanas. Jesus refletiu-o com fidelidade, porque não havia em sua alma imaculada mancha alguma que pudesse empanar o brilho da Divindade.

Revelar Deus e a sua Justiça: eis a missão de Jesus Cristo.

O verbo amar

Jesus, dias antes do seu sacrifício, disse aos discípulos: "Um novo mandamento vos dou: que vos ameis uns aos outros *como* eu vos amei". (*João*, 13:34.)

Onde a novidade de tal mandamento? Porventura o Evangelho não é, em síntese, a apologia do amor? Que outro preceito mereceu jamais tanta recomendação e referências tão enfáticas por parte do Mestre? Não obstante, aquela ordenança encerra notável novidade: *o modo* de amar. Jesus não só prescreveu o amor, mas também a maneira de amar, dizendo: Amai-vos *como* eu vos amei.

Amar, todos os seres amam. A vida, sob qualquer forma, debaixo de qualquer aspecto que se nos apresente, é sempre expressão de amor. Amar é a grande Lei da Natureza. O amor é atributo inseparável da vida; à medida que ela evolve para planos mais elevados, o amor transcende, assumindo modalidades várias. Daí os diversos modos de amar.

O verbo amar tem muitos paradigmas. A fera ama. A leoa defende com solicitude seus cachorrinhos, e por eles se bate até a morte. A galinha, expondo-se aos rigores do tempo, acolhe sob as protetoras asas os seus pintainhos. Cuida com desvelo de lhes arranjar alimentos, priva-se daqueles que lhe são mais apetitosos, reservando-os para eles. Tudo isto que é senão manifestações de amor?

Mas a leoa não cura dos cachorrinhos de outra leoa como cura dos seus. A galinha se arrepia e ameaça os pintainhos de outra ninhada quando estes invadem a zona onde ela e os seus estão ciscando. É que os animais inferiores amam com egoísmo. Neles o amor não brilha em sua pureza. O diamante ainda está em estado de carvão. O instinto de conservação próprio e da prole, raiz do egoísmo, predomina fortemente. No homem se verificam os vestígios daquele instinto. Alguns há que os possuem acentuadamente, quase como o animal. Para esses o verbo amar é intransitivo: sua ação não vai além, concentra-se neles mesmos e nos membros mais chegados da família. É uma forma de idolatria.

Outros há, para os quais o verbo amar é defectivo: faltam-lhe certos tempos, números e pessoas. Amam para corresponder às simpatias ou mesmo obedecendo a motivos mais ou menos interesseiros.

Para outros ainda, o verbo amar é passivo. Amam platonicamente, com frieza, sem demonstrações positivas ou práticas. Abstraem-se do mal, mas não realizam o bem como fruto do amor.

Todos esses são paradigmas transitórios que culminarão um dia no paradigma por excelência, o único compatível com a natureza do verbo amar: Jesus Cristo.

Precisamos aprender com Ele a conjugação daquele verbo: "Quando eu for levantado no madeiro, então atrairei todos a mim". Jesus amou incondicionalmente. Amou sem ser amado, nem correspondido no amor. Amou a amigos e inimigos, a bons e maus, a justos e pecadores, testemunhando com isso sua divina filiação. "Tendes ouvido o que foi dito aos antigos: Amarás teu próximo e aborrecerás teus inimigos? Eu, porém, vos digo: Amai a vossos inimigos e orai pelos que vos perseguem; para que vos torneis filhos de vosso Pai que está nos Céus; porque Ele faz nascer o seu sol sobre bons e maus, e vir chuvas sobre justos e injustos. Se amardes os que vos amam, que fazeis de especial? não fazem os publicanos também o mesmo? Se saudardes os vossos irmãos somente, que fazeis de mais? não fazem os gentios o mesmo? Sede vós, pois, perfeitos como vosso Pai Celestial é perfeito."

A perfeição, portanto, vem da conjugação do verbo amar, segundo o paradigma acima exposto. Ninguém é filho de Deus enquanto não ama indistintamente. Os filhos são herdeiros dos pais. Deus é amor. O verbo amar é eminentemente transitivo e essencialmente ativo. É um verbo cuja ação incoercível não conhece limites em suas expansões. Os verbos são a alma da linguagem, e o verbo amar é mais do que isso, porque é o espírito, é a vida da Religião. A fé sem amor é morta, não regenera, não aperfeiçoa, não salva. Jesus Cristo é o verbo amar que tomou forma, que se fez carne. "Nisto conhecerão todos que sois meus discípulos: Em vos amardes mutuamente *como* eu vos amei." Em tal importa o verdadeiro sinal que distingue o cristão.

"Amai e fazei depois tudo o que vos aprouver" — disse Santo Agostinho. "O amor sobrepuja a fé, a esperança, a beneficência, o profetismo e o sacrifício" — preceitua o Apóstolo dos Gentios. No amor se contém a Lei e os profetas — rezamos Evangelhos. "Fora do amor não há salvação" — sentencia o Espiritismo.

A porta estreita

> "'São poucos os que se salvam?' Retrucou-lhe o Mestre: 'Porfiai por entrar pela porta estreita, porque larga é a porta e espaçoso é o caminho que conduz à perdição e muitos são os que entram por ele; e estreita é a porta e apertado é o caminho que conduz à vida, e poucos são os que entram por ele; e estreita é a porta e apertado é o caminho que conduz à vida, e poucos são os que acertam com ele'."
>
> (MATEUS, 7:13 e 14.)

O caminho da salvação, por conseguinte, é o caminho do dever. Quem não o cumpre na medida de seus conhecimentos e de acordo com as injunções de sua consciência, não está trilhando a senda apertada; está perdido, perambula em vão, sem encontrar o senso da vida.

O dever é, por sua natureza, complexo e gradativo. A quem muito é dado, muito é exigido. A elevação intelectual e moral traz grandes vantagens e benefícios, mas acarreta maior soma de deveres. Daí a luta constante travada entre o espírito e a carne. O Espírito compreende que é mister vencer a escabrosidade do carreiro estreito e pedregoso que conduz à vida, mas a carne propende para a estrada larga e cômoda que nenhuma dificuldade ou restrição oferece.

Enquanto a carne tem ganho de causa, o espírito permanece escravizado ao mundo, às paixões e aos vícios. À proporção, porém, que ele vai adquirindo supremacia, são as paixões e os vícios que se rendem, vencidos pelo espírito que então se apossa da vida eterna.

Tal é a verdadeira salvação, segundo o ensino transcendente do Evangelho de Jesus Cristo. Por isso mesmo é que não a conseguimos com facilidade: é preciso porfiar muito através do caminho do dever que, como se sabe, é estreito e bordado de espinhos. E, por ser assim, poucos são os que acertam com ele.

*Fiat Lux**

> "*Então disse Jesus: 'Eu sou a luz do mundo; quem me segue, de modo nenhum andará em trevas; pelo contrário, terá a luz da vida'.*"
>
> (João, 8:12.)

Há vida espiritual, e há vida animal. Há pão para o corpo, e pão para o espírito. Da mesma sorte, há luz física, e há luz moral. A alma tem órgãos visuais como os tem o corpo.

O homem privado do sentido da vista é cego, como cego também é o homem cujos olhos do espírito estão anuviados, ou ainda se mostram inativos por falta de função.

É tão fácil descobrirmos o cego de luz moral como o cego de luz física ou material. O andar de ambos, embora em planos diversos, é o mesmo, ressente-se de idênticos defeitos: é dúbio, incerto, cambaleante. Ambos dão guinadas à direita e à esquerda, ambos tropeçam amiudadas vezes; e, não raro, levam quedas tremendas. Não se dirigem por si, não se orientam livremente, em tudo dependem de alheia direção.

Onde há grande diferença entre as duas categorias de cegueira é nas consequências que delas decorrem.

---

* Faça-se a luz!

Os desastres a que se expõem os cegos de espírito são incomparavelmente maiores, de efeitos muito mais desastrosos e perduráveis.

Se indagarmos, com justeza, a origem dos grandes males que, em suas variadas modalidades, infelicitam os homens, encontramo-los na cegueira moral. A miséria, a enfermidade, o crime, a guerra, a depravação dos costumes encerram problemas que só à luz do espírito podem ser resolvidos, visto como tais flagelos têm suas raízes nas trevas da consciência.

Tudo que se faz, e se tem feito no sentido de debelar aqueles tormentos que perseguem a Humanidade, são paliativos que jamais alcançaram êxito. É necessário acender o lampadário interno, desenvolver as faculdades visuais da alma.

Um apreciado cronista assim se exprime sobre a decadência moral deste século: "A juventude de hoje tem duas preocupações principais, senão absorventes: a do dinheiro e a do prazer, ou apenas a do prazer; pois o mais nisso se resume. Mil fatos o demonstram: o delírio do luxo; a materialidade chapada dos esportes sem nenhum objetivo elevado; a terrível propagação dos tóxicos; o desaparecimento vertiginoso dos velhos hábitos de urbanidade: a selvajaria dos sentimentos e dos atos em relação às mulheres, atropeladas de todos os lados por uma onda formidável de concupiscência agressiva e de vilanagem brutal...".

Essa trilha tortuosa, acima descrita, por onde se embrenha a mocidade, é o resultado inelutável da cegueira espiritual. Se ela tivesse "olhos de ver", não vaguearia à discrição das paixões, descambando assim pelo declive da corrupção que a degrada e avilta. E não é só a juventude; homens maduros, encanecidos até, dos quais era lícito esperar exemplos edificantes, apresentam-se atacados do mesmo vírus pestilento, da mesma amaurose que de todo inutiliza os órgãos da luz da vida.

Contudo, o mal não é irremediável. Pode ser curado mediante a restauração do Cristianismo nos corações. Urge fazê-lo quanto antes. Moços e velhos, homens e mulheres devem ser cristianizados. Em tal importa o remédio para a escuridão da alma, porque o Cristianismo é luz.

Há sol material e há sol moral. Um atende às necessidades do animal, outro às necessidades do espírito. Assim como a vida animal está presa às influências do calor, da luz e do magnetismo de um, assim também a vida do espírito está na dependência direta do calor da luz e do magnetismo do outro. Não há higiene física onde os raios solares não penetram livremente. Não há, a seu turno, higiene da alma onde o influxo da moral eterna revelada por Jesus Cristo não tenha livre e franco acesso.

Jesus é a luz do mundo, é o sol espiritual do nosso orbe. Quem o segue não andará em trevas. Quem o menospreza condena-se à cegueira da alma, essa cegueira capaz de precipitar o homem nos pélagos de insondáveis abismos.

FIAT LUX!

A família de Jesus

> "*Discursando Jesus à multidão, eis que se aproximam sua mãe e seus irmãos, pretendendo falar-lhe. E disse-lhe alguém: 'Estão, ali fora, tua mãe e teus irmãos querendo falar-te'. E o Mestre, respondendo, disse: 'Quem é minha mãe e quem são meus irmãos?' Em seguida, estendendo a mão para seus discípulos, acrescentou: 'Eis aqui minha mãe e meus irmãos; porque qualquer que fizer a vontade de meu Pai que está nos Céus, esse é meu irmão, irmã e mãe'.*"
>
> (MATEUS, 12:46 a 50.)

Eloquentíssima lição.

Os laços que verdadeiramente ligam os seres entre si na constituição da família não são os da carne nem do sangue, mas sim os do espírito.

Os laços da carne e do sangue são contingências da vida terrena: afrouxam-se com o atrito das paixões, rompem-se no momento da morte. Não podem, por sua natureza, irmanar e confundir os corações, fazendo da coletividade uma unidade. Só os laços do espírito logram tal resultado.

A prova desse fato está nas desinteligências que se verificam comumente no seio das famílias cujos membros se acham ligados somente pelos frágeis e tênues vínculos da carne e do sangue. Há irmãos — filhos do mesmo pai e da mesma mãe — que mutuamente se repelem e até se hostilizam. Há cônjuges que se acham radicalmente divorciados, aparentando vida conjugal apenas para salvar as aparências.

Na organização da família, como na organização da pátria, só os fatores de ordem moral podem estabelecer aquela coesão indispensável, que dá a tais organizações solidez, vitalidade e permanência.

É no equilíbrio de aspirações comuns que se funda a base da família. Onde as almas não vibram no mesmo diapasão, onde os ideais não se conjugam obedientes a afinidades que se atraem, haverá conúbios híbridos, mais ou menos duradouros, mas jamais haverá família nem pátria.

Escusado é dizer que os ideais que deveras congraçam os corações são os puros e nobres, escoimados de rasteiros interesses. O egoísmo é dispersivo. Só o amor, perfeitamente compreendido, gera vínculos indissolúveis.

Daí o dizer de Jesus: "Aqueles que fazem a vontade do meu Pai, esses são meus irmãos, irmãs e mãe".

Fazer a vontade de Deus é agir segundo a suprema lei do amor, fora da qual tudo é efêmero, fugaz e insustentável.

Há leis que regem o bem, mas não existe nenhuma para reger o mal. Este, como efeito da ignorância humana, vai se dissipando à medida que a luz se vai fazendo nos cérebros e nos corações.

Nada pode ser estável no mal. Quanto mais dentro da Lei, mais perto da consolidação.

Entre Jesus e Deus há íntima e perfeita comunhão. "Eu e o Pai somos um." Semelhante ideal que visa a tão completa identificação, confundindo as individualidades numa unidade, representa o alvo supremo do Cristianismo, como se infere desta sentença destacada da oração sacerdotal, do

Divino Mestre: "Pai, quero que todos (seus discípulos de então e de todos os tempos) sejam *um em mim como eu já sou um contigo. Eu neles, e tu em mim* para que, desse modo, *todos* se aperfeiçoem na unidade".

A verdade unifica. O erro dispersa. Se os homens conhecessem a Lei, e procurassem obedecer-lhe na organização da família, evitariam inúmeros dissabores e dolorosos sofrimentos. Infelizmente, porém, quando tratam de o fazer, cuidam de tudo, menos dos fatores de natureza espiritual.

Casam-se corpos, não se casam almas. Previnem-se os interesses temporais, menosprezando-se por completo os interesses espirituais.

Consequência: o lar, em vez de ser o doce remanso da paz onde se retemperam forças, é pandemônio onde se querela noite e dia, ou, então, é masmorra onde todos vegetam e ninguém vive com alegria de viver.

O lar, organizado sob a égide sagrada da Lei, há de ser a verdadeira igreja do Cristo conforme a promessa: "Onde estiverem dois ou três reunidos em meu nome, aí estarei eu no meio deles". (*Mateus*, 18:20.)

Cada chefe de família, assim constituída, será o sacerdote desse templo augusto. A esposa e mãe — cônscia dos seus deveres — será o anjo abençoado abrindo sobre ele suas brancas asas, a fim de abrigá-lo das intempéries do mal. Os filhos serão discípulos que, em tal meio, se exercitarão na aprendizagem da virtude, no cumprimento do dever, na disciplina santa do trabalho e da mútua dedicação.

Tal é a família como a quer Jesus e da qual Ele se considera membro.

Involução e evolução

Se o nascimento é o princípio da vida, é bem verdade que a morte é o fim.

Se o nascimento não é o princípio da vida, é bem verdade que a morte não é o fim.

***

Se não existíamos antes de haver nascido, é bem verdade que não existiremos depois de haver morrido.

Se existíamos antes de haver nascido, é bem verdade que existiremos depois de haver morrido.

***

Se começamos a *ser* no berço, é bem verdade que deixaremos de *ser* no túmulo.

Se não começamos a *ser* no berço, é bem verdade que não deixaremos de *ser* no túmulo.

***

Se o nascer não é começar, o morrer não é terminar.

Se o nascimento é a encarnação da alma, a morte é a desencarnação dessa alma; nascer e morrer serão, pois, fenômenos que se sucederão, como a vigília sucede ao sono, como ao crepúsculo sucede a aurora.

Só assim se compreende a eternidade da vida: sem princípio nem fim, regredindo de Deus e progredindo para Deus.

Ressurreição

Jesus realizou duas categorias de ressurreição: ressurreição do corpo, e ressurreição do espírito. Ressuscitou Lázaro, e ressuscitou Madalena. Aos olhos do mundo, a primeira destas duas maravilhas assume maiores proporções, mas, aos olhos de Deus, o segundo prodígio é mais belo, mais valioso. O corpo de Lázaro veio a morrer após aquela ressurreição. Madalena nunca mais morreu, porque o que nela ressurgiu não foi a carne, foi o espírito. A carne ressurge para a morte, a alma ressurge para a vida. Jesus, ressuscitando Lázaro, ressuscitou um vivo, porque Lázaro já vivia a vida do espírito. Ressuscitando Madalena, ressuscitou um cadáver, porque sua alma era morta para a espiritualidade.

Jesus ressuscitando Lázaro, a filha de Jairo, e o filho da viúva de Naim, teve em mira promover ressurreições de almas. Operava aqueles milagres como meio de atingir um fim: ressuscitar Espíritos mortos, sepultados em túmulos de carne. Tal é o que de fato o interessava. Em produzir milagres dessa natureza está a missão da qual o Pai o revestira.

Quando Jesus disse aos seus apóstolos — "Ide, pregai o Evangelho, ressuscitai os mortos" (*Marcos*, 16:15) — é da ressurreição do espírito que ele curava. Em idêntico sentido se devem tomar estas suas palavras: "Eu sou a ressurreição e a vida, aquele que crê em mim, ainda que esteja morto, viverá; e o que vive e crê em mim nunca jamais morrerá". (*João*, 11:25.)

O mundo se maravilha na ressurreição de Lázaro. O Céu se extasia da ressurreição de Madalena. O mundo vê o auge do poder no cadáver redivivo. O Céu vê o fastígio da glória na alma redimida. O mundo contempla estupefato um morto saindo de um túmulo de pedra. O Céu rejubila-se no apogeu do gozo, contemplando uma alma resgatada que sai do negror da devassidão para as serenas e puras regiões da Luz.

Lázaro foi um missionário na Terra: veio para dar testemunho de que Jesus era o Cristo, o Ungido de Deus. Madalena representa o produto, o resultado, o fruto bendito da obra redentora do Salvador do gênero humano.

Jesus foi muito grande ressuscitando Lázaro, mas foi maior ainda ressuscitando Madalena.

O juízo final

Assim termina Jesus o Sermão Profético: "Quando vier o Filho do homem em glória e poder, acompanhado dos santos anjos, julgará todas as nações. Separará os justos dos iníquos como o pastor separa as ovelhas dos cabritos. À direita ficarão os escolhidos; à esquerda os rejeitados. Aos primeiros, direi: Vinde a mim, benditos de meu Pai, possuí como herança o Reino que vos está destinado desde a fundação do mundo. Pois me achei faminto, sedento, nu, peregrino, enfermo e encarcerado, e vós me assististes". Mas quando te vimos em tais condições e te prestamos apoio?, objetarão eles. Retrucarei, então: "Em verdade vos digo que todas as vezes que assististes os pequeninos da Terra, foi a mim mesmo que o fizestes". (*Mateus*, 25:31.)

"Voltando-me à sinistra, prosseguirei: Apartai-vos de mim, réprobos para o fogo eterno, aparelhado para o diabo e seus anjos, porque me vi faminto, sedento, nu, peregrino, enfermo e encarcerado e jamais me valestes. Nunca, Senhor, te vimos sob tais necessidades, e te abandonamos, dirão eles." (*Mateus*, 25:41.)

"Responderei abertamente: Em verdade vos asseguro que sempre que voltastes as costas aos pequeninos da Terra, foi a mim mesmo que o fizestes."

Ao Consolador, personificado na Doutrina Espírita, coube a glória de interpretar a sublime parábola acima transcrita, com o gravar em seu estandarte a sapientíssima legenda: "Fora da caridade não há salvação".

O planeta que habitamos, como o corpo onde se acha enclausurado nosso espírito, terá um fim. Os elementos de que se compõe se desagregarão um dia, como sói acontecer à nossa matéria após a morte. Eis, então, o momento da separação. Os que se acharem aptos, acudirão ao "vinde a mim" —, seguindo com o Mestre para novas terras onde habita a justiça segundo o dizer de São Pedro. Os reprovados apartar-se-ão do Cristo, buscando mundos inferiores, compatíveis com suas tendências e paixões, onde os espera o fogo eterno das provações, aparelhado para vencer caracteres rebeldes e obstinados no mal, até que se habilitem, como filhos de Deus, à herança paterna que para todos está destinada desde o início dos tempos.

Como se vê, a grande dificuldade está em vencermos o nosso egoísmo. Ele é a causa da nossa perdição. Para o vencer, precisamos cultivar o amor. O amor, que é a caridade compreendida em sua íntima essência, representa a escada de Jacó que nos há de conduzir aos páramos celestiais.

Jesus nada pede para si; não quer catedrais suntuosas, nem hosanas, nem homenagens, nem vanilóquios. Ele tem em si mesmo a glória e o poder. De nós, da Terra, nada precisa, nada deseja. Quer, apenas, que nos amemos uns aos outros, vivendo como irmãos, sendo solidários com aqueles que ao nosso lado lutam e sofrem.

Tampouco lhe importarão as minudências de nossa fé, as particularidades de nosso credo; um quesito unicamente Ele formulará, dependendo de sua resposta, negativa ou afirmativa, nossa ventura ou nossa desdita. Esse quesito é o quesito do amor. Como vivemos? sob o império do egoísmo, ou sob o influxo do amor? Se o egoísmo nos domina, nossas obras serão fatalmente más, porque ele é a origem de todos os males. Se reina o amor em nossos corações, nossas obras serão naturalmente boas, porque o amor é a fonte de todo o bem. Não há, pois, necessidade de referências particulares e minúcias. Não nos iludamos: "Fora da caridade não há salvação" — tal é o lema do Consolador, encarregado de rememorar o que outrora ensinou o Filho de Deus.

O sal da Terra

"Vós sois o sal da Terra" — *disse Jesus aos seus discípulos, e acrescentou: "Se o sal se torna insípido, como se poderá restituir-lhe o sabor? para mais nada presta, senão para ser lançado fora e pisado pelos homens".*

(MATEUS, 5:13.)

Sois o sal da Terra! Quanta sabedoria em palavras tão simples, tão singelas.

Consideremos certas qualidades ou propriedades características daquele mineral. O sal é um elemento que guarda invariavelmente a sua pureza; nada o altera, nada o contamina, nada o corrompe, ainda mesmo quando em contato com as maiores impurezas. É, por excelência, incorruptível.

Assim deve ser o cristão: bom no meio dos maus; justo no meio da iniquidade; probo no meio dos desonestos; prudente no meio dos insensatos; humilde no meio dos orgulhosos; altruísta no meio dos egoístas; sincero no meio dos hipócritas; fiel no meio dos infiéis; resignado no meio dos revoltados; pacífico no meio dos belicosos; virtuoso, numa palavra, no meio de todos os vícios e de todas as paixões.

O sal, além de se conservar puro, preserva da corrupção, impedindo a decomposição dos corpos com os quais se acha associado: tal deve ser o cristão no meio em que vive.

O sal jamais está inativo. Onde quer que se encontre, está como que agindo sempre, visto exsudar continuamente aquela essência que lhe é peculiar. Tal qual deve ser a atitude do cristão na sociedade. Seus feitos devem atestar, sem solução de continuidade, a fé de que se acha impregnado. O sal nunca recebe: dá sempre. Misturai-o com açúcar; este receberá a essência daquele, tornando-se salgado, porém, o sal jamais se deixará adoçar recebendo a influência do açúcar.

O cristão, como o sal, está no mundo para dar e não para receber. Ele, do Céu é credor; da Terra é devedor. Cumpre-lhe, pois, receber lá do Alto para distribuir cá embaixo.

O sal não se faz conhecer pelo exterior. Em aparência, ele se confunde com muitas outras substâncias; entretanto, logo que se entra em comércio com ele, dá-se de pronto a conhecer distintamente.

Semelhantemente, há de ser o cristão: "pelos frutos os conhecereis" e nunca por qualquer insígnia ou sinal exterior. Pela aparência, confundir-se-á com o comum dos homens, mas, desde que se entre em contato com ele, revelar-se-á prontamente, manifestando suas qualidades.

O sal tem uma função distinta, especial, inconfundível. Não se presta a vários fins, mas de um modo definido e positivo, a um fim determinado. De modo idêntico há de ser o cristão, cujo ideal definido na vida deve consistir na obra da redenção do seu espírito e do de seus irmãos.

Se o sal se tornasse insípido, isto é, se perdesse as qualidades especiais que o caracterizam, tornar-se-ia de todo imprestável, visto como não se poderia aplicar a outras funções além daquela que lhe é essencialmente própria.

Outro tanto sucede com relação à fé que faz o cristão. Se ela se desnaturar dos predicados que a exornam, tornar-se-á de todo anódina, inválida, inútil.

A religião que não promove o aperfeiçoamento do espírito, que não constrói, e não consolida o caráter do homem, não é religião: é sal insípido que, mais cedo ou mais tarde, cairá fatalmente no desprezo.

A Igreja viva

> *"O grande canhão que bombardeou Paris atingiu a igreja de* Notre Dame *no momento em que se realizavam cerimônias religiosas, abrindo grande rombo numa parede que, desabando em parte, matou 75 pessoas, ferindo gravemente 82."*
>
> **(Dos jornais, na época da conflagração.)**
>
> *"Um despacho oficioso de Berlim informa que está em chamas a catedral de Noion."*
>
> **(Idem)**

Tais são as notícias que em seu laconismo nos transmite o telégrafo. Não há muito tempo foi noticiado, dando pábulo a largos e justificados comentários, o bombardeio da catedral de Reims, que ficou reduzida a escombros em sua quase totalidade.

Estes acontecimentos nos trazem à mente o seguinte episódio da vida de Jesus Cristo, quando na Terra. Saía Ele do templo de Jerusalém com seus discípulos, quando estes, chamando sua atenção para a suntuosidade e riqueza daquele edifício, disseram: "Mestre, vê que fábrica!". Retrucou então o grande Vidente: "Em verdade vos digo que de toda esta magnificência não ficará pedra sobre pedra que não seja derribada".

E tal profecia cumpriu-se, precisamente com relação ao suntuoso templo da capital dos judeus, e continua cumprindo-se agora, com respeito aos edifícios congêneres da civilizada Europa.

Mas, enquanto caíam ruidosamente as edificações debaixo, surge a edificação espiritual, a Igreja viva de Jesus Cristo, aquela que há de trazer ao mundo a verdadeira civilização, cujas bases, firmadas sobre a moral indestrutível do Evangelho, constituirão a segurança da paz; e, por conseguinte, a felicidade dos povos e das nações.

Demais, isso importa também numa outra profecia do Rabino: "Derribai os templos de pedra, que em três dias os substituirei pelo templo vivo".

A Igreja viva a que se reporta esta profecia é o evento da doutrina messiânica que os fariseus julgaram aniquilar com a execução do Justo, e que com Ele ressurgiu do túmulo para triunfar eternamente sobre a hipocrisia e o egoísmo deste mundo.

Chegaram os tempos: bem-aventurados os que perseverarem até ao fim.

Provas externas e internas

> "Celebrava-se a festa da dedicação em Jerusalém. Jesus passeava no templo, no pórtico de Salomão. Cercaram-no os judeus e perguntaram: 'Até quando nos deixarás suspensos? Se és o Cristo, dize-no-lo francamente'. Respondeu Jesus: 'Eu vo-lo disse, e não crestes; as obras que eu faço, em nome do Pai, dão testemunho de mim; mas vós não credes porque não sois das minhas ovelhas. As minhas ovelhas ouvem a minha palavra, e eu as conheço, e elas me seguem; e eu lhes dou a vida eterna, e nunca jamais hão de perecer, e ninguém as arrebatará da minha mão. Mas ninguém vem a mim senão trazido pelo Pai'."
>
> **(João, 10:22 a 29.)**

Para nos convencermos das verdades reveladas por Jesus Cristo, e nele corporificadas, não basta que funcio-nemos com a mente, é indispensável que o coração tome parte desempenhando por sua vez a função que lhe compete.

Entender não é tudo: é preciso *sentir* a verdade. A inteligência, agindo desacompanhada do sentimento, não chega a penetrar a essência do Cristianismo, como, aliás, a de nenhum ideal transcendente cuja espiritualidade ascende às regiões elevadas do sublime. O Apóstolo das gentes, a propósito deste assunto, disse: "O homem material não pode compreender as coisas espirituais". Razão e fé, intelecto e coração, devem marchar de mãos dadas na conquista da verdade redentora.

As provas mais convincentes não são as que entram pelos olhos, mas as que brotam do coração. O testemunho interno, a influência que o orvalho celeste exerce no recesso do nosso *Eu* tem muito mais força, convence muito melhor que os testemunhos externos, que os fenômenos ostensivos e insólitos. O efeito do primeiro nunca falha, enquanto o do segundo, muitas vezes, deixa de produzir o devido resultado. No campo das investigações temos que empregar ambos os fatores, se quisermos atingir o desejado alvo.

Os judeus, contemporâneos de Jesus, tiveram copiosa e farta messe das provas mais evidentes, mais positivas, mais autênticas a respeito da individualidade do Cristo e sua respectiva missão. No entanto, duvidavam sempre. A doutrina do Divino Mestre, cujos postulados ficaram comprovados à luz insofismável dos fatos, foi e continua sendo rejeitada; foi e continua sendo, para muita gente, assunto controvertido. Daí a exclamação do incomparável Mártir da ignorância e do orgulho humano: "Pai, graças te dou por haveres revelado tua Verdade aos humildes e inscientes, escondendo-as dos grandes e dos sábios". (*Mateus*, 11:25.)

Os grandes e os sábios de todos os tempos se têm incompatibilizado com as revelações do Céu, porque jamais as *sentiram* no coração. O orgulho afrouxa as cordas do sentimento, de modo que elas não vibram ao doce sopro da brisa celeste. O orvalho do Céu só fecunda os corações onde a soberba não medra. Por isso é que nesta época de transição, portanto, de confusão que ora atravessamos, já se escreveu em letras redondas que o Cristianismo faliu e que as virtudes cristãs não devem ser cultivadas enquanto outras tarefas de maior vulto reclamarem nossas energias!

Ao grande missionário Kardec não passou despercebido essa anomalia. Ele previu-a com admirável tino e subido critério, como demonstra o trecho que para aqui transladamos, impetrando para o mesmo a melhor atenção dos nossos generosos ledores:

"O Espiritismo não cria moral nova; apenas facilita aos homens a inteligência e a prática da *moral do Cristo*, produzindo uma fé sólida e esclarecida naqueles que duvidam ou vacilam.

"Muitos dos que *acreditam nos fatos* das manifestações não compreendem, porém, as suas consequências e o alcance moral, ou, se os compreendem, *não os aplicam a si*. A que é isso devido? À falta de precisão da doutrina? Não, porque ela não contém alegorias nem figuras que deem lugar a falsas interpretações; sua própria essência é a clareza e é isso o que lhe dá força, porque fala diretamente à inteligência. Nada tem de misterioso, e os seus iniciados não estão de posse de nenhum segredo oculto ao vulgo.

"Para compreendê-la será, então, mister possuir-se uma inteligência superior? Não, porque há homens de capacidade notória que não a compreendem, ao mesmo tempo que inteligências vulgares de jovens saídos da adolescência lhe apanham com admirável precisão os mais delicados matizes. Isto se explica porque a parte, podemos dizer, material da Ciência não exige *senão olho para ver*, ao passo que a *parte essencial exige certo grau de sensibilidade*, a que podemos chamar *madureza do senso moral*, madureza independente da idade e do grau de instrução, por ser inerente ao desenvolvimento, em um sentido especial, do Espírito encarnado.

"A crença nos Espíritos é para muitos simples fato, e em pouco ou quase nada lhes modifica as tendências instintivas; em uma palavra, veem apenas um raio de luz, insuficiente para os guiar e dar aspiração poderosa, capaz de lhes vencer as inclinações. Entregam-se mais *aos fenômenos que à moral*, que lhes *parece banal e monótona*, e pedem aos Espíritos para os iniciar em novos mistérios, sem indagar se são dignos de conhecer os segredos do Criador. Esses são espíritas imperfeitos, dos quais muitos ficam em caminho, ou se afastam dos irmãos em crença, porque recuam diante da obrigação de se reformarem, ou então reservam suas simpatias para os que participam das suas fraquezas e prevenções.

"Reconhece-se o verdadeiro espírita pela sua transformação moral e pelos esforços que faz para domar as más inclinações. Ele é, em suma, impressionado pelo coração, e sua fé é inquebrantável."

Oração do Natal

Nosso Mestre e Senhor: mais uma vez o mundo acaba de comemorar o aniversário de teu natalício. Mas de que modo? Envolto em brumas de hostilidades recíprocas, de desconfianças mútuas, mantendo essa atmosfera de dúvidas, receios e apreensões. O homem continua sendo o maior inimigo do homem.

As nações entreolham-se como feras que, de quando em vez, lambem as comissuras dos lábios impregnados de sangue. Protestam amizade, desfazem-se em hipócritas expressões de fementido afeto, animando no interior fome e sede de cruentos repastos. A louca ambição, o desmedido orgulho, a avidez de sensuais prazeres campeiam infrenes embotando os sentimentos, embrutecendo e enfermando a mente.

Em tais condições, Senhor, é que a Humanidade atual acaba de honrar a época que assinala a tua passagem pela Terra. Festas, músicas, pagodes e rega-bofes, profanos e religiosos, tiveram lugar nos templos de pedra, nas casas de pasto e nos lares. Em tua honra, Senhor, hinos e cânticos foram entoados em profusão; luzes multicores reverberaram embelezando as naves onde centenares, milhares mesmo de pessoas genuflexas te renderam louvores. O bimbalhar do bronze saudou a aurora do teu dia com desusado garbo e garridice. Mas, Senhor, aceitarás tu essas ovações e honrarias? Serás acaso semelhante aos homens que abafam o interior deixando-se arrastar por influências rumorosas do exterior? Tu te comprazerás nesses festejos que te dedicam aqueles que vivem divorciados do ideal de paz, de fraternidade e de justiça, pelo qual te sacrificaste? Dar-se-á, Senhor, que os homens ignorem a súmula de teus preceitos, a base de tua moral? Se esta geração nunca te viu, e assim desdenha tua moral, por que te homenageia tanto? Onde os mentores do povo? os rabinos das modernas sinagogas para instruírem as gentes sobre aquelas tuas santas e sugestivas palavras: "Se estiveres apresentando tua oferta no altar, e aí lembrares que há alguém que tem contra ti alguma coisa, deixa ali tua oferta no altar, vai primeiro reconciliar-te com teu irmão, e depois vem apresentar a tua oferenda". (*Mateus*, 5:23.)

Mestre e Senhor! tem piedade das loucuras, das fraquezas e da hipocrisia da Humanidade.

A soberania do amor

Buscais a razão, a lógica e o raciocínio do amor? Perdeis o vosso tempo. O verdadeiro amor não tem lógica, nem razão, nem raciocínio consoante o critério humano. Sua ação se opera à revelia da nossa razão.

O amor é soberano. Sempre que esse sentimento se manifesta sob o império da razão, acha-se constrangido e desnaturado. O amor puro não se reduz às restrições da lógica, tampouco às do raciocínio: é incoercível, sobrepuja a todos os demais atributos do espírito.

O amor humano não é ainda a expressão do verdadeiro amor, justamente porque age através da razão, porque obedece a motivos determinados. O amor divino paira acima da razão, desconhece motivos, desconhece raciocínios de qualquer espécie.

Jesus ensinou e exemplificou o amor divino. Eis o padrão de amor que Ele nos apresenta: "Tendes ouvido o que dizem os homens: Amarás o teu próximo e aborrecerás o teu inimigo? Eu, porém, vos digo: Amai os vossos inimigos e orai pelos que vos maldizem e perseguem para que vos torneis filhos de vosso Pai que está nos Céus, porque Ele faz nascer o seu Sol sobre bons e maus, e vir chuvas sobre justos e iníquos. Pois se saudardes e amardes somente os vossos irmãos, que fazeis de especial? não fazem os gentios também o mesmo? Sede, logo, vós perfeitos, como vosso Pai celestial é perfeito". (*Mateus*, 5:48.)

Qual a razão humana que nos aconselha a amar o inimigo, orar pelos que nos maldizem e perseguem? Onde a lógica deste preceito: Àquele que vos bater na face direita, oferecei-lhe também a esquerda? Onde o raciocínio desta ordenança: A quem tirar a tua capa, dá-lhe também a túnica?

Tais mandamentos não se curvam à nossa lógica, nem à nossa razão, porque são mandamentos do amor, e o amor sobrepuja a todo o entendimento.

A fé do Crucificado importa mais numa questão de sentimento que de entendimento.

O Cristianismo é a revelação do amor. Jesus, o Verbo Encarnado, revelando-nos a Divindade, nos faz sentir que, como disse João, *Deus é amor*.

O Cristo Redivivo

> "*Um pouco e já não me vereis, e outra vez um pouco e ver-me-eis. O mundo não me verá mais, mas vós me vereis, porque eu vivo, e vós vivereis.*"
>
> (João, 14:18 e 19.)

Observando-se atentamente o que se passa nos arraiais dos credos ditos cristãos, verificamos que todo o movimento ali sustentado e desenvolvido gira em torno do Cristo morto.

Nos tempos romanos se destaca, invariavelmente, logo ao primeiro golpe de vista, a imagem de Jesus, pendente do madeiro, fronte abatida, mento caído sobre o peito, olhos cerrados. Todos os altares, mesmo quando destinados a este ou àquele patrono, têm no sopé, infalivelmente, o Cristo morto. Os lares, onde predomina o romanismo, obedecem, por sua vez, à mesma praxe. Em todas as emergências da vida destes crentes, nos atos solenes, trate-se de acontecimento alegre ou triste, quer se chore, quer se ria, quem a tudo preside é, sem dúvida, o Cristo morto, cuja efígie chegam mesmo a trazer pendurada ao pescoço.

Os reformistas, neste particular, aboliram o ídolo, mas se mantiveram apegados à mesma ideia. A reforma que introduziram, neste caso, não foi além da idolatria. Continuou vigorando o Cristo morto no dogma da redenção pela virtude do seu sangue; aqui, como no romanismo, se anuncia com toda a ênfase o Cristo Crucificado. É para a cruz que se apela em todos os tons. É a efusão do sangue, é o sacrifício cruento, é a morte, em suma, que encerra todo o prestígio, todo o valor e toda a magia da obra messiânica.

Segundo este prisma, a missão de Jesus teve início na manjedoura de Belém e finalizou no topo do Calvário. A tal se reduz o Alfa e o Ômega do Cristianismo.

Se assim é, onde fica o Cristo vivo, o Cristo ressuscitado? Que é feito dele? Onde a sanção de suas promessas, dentre as quais se destacam as duas transcritas no início destes comentos?

Estaremos na orfandade, a despeito de nos haver Jesus prometido que se não daria tal?

Se não ficamos órfãos, por que então veneramos tão enfaticamente o Cristo morto, esquecendo o Cristo vivo, que prometeu manifestar-se em nossos corações, e aí fazer morada? Por que o buscarmos na cruz, impotente e morto, quando o podemos ter redivivo e forte atuando em nossas almas, compelindo-nos à conquista da vida eterna? Que pretenderão do instrumento da sua morte? Qual será maior, o sacrifício ou o ideal que mereceu esse sacrifício? Jesus, vindo ao mundo, teve por alvo o martírio da cruz, ou a salvação da Humanidade? Onde o ideal por Ele acalentado? Qual a sua missão? Teria encartado, no programa a desempenhar na Terra, o martírio da cruz? A crucificação do Filho de Deus não será, antes, um crime, produto da cegueira e da maldade dos homens, crime, que, previsto por Jesus, foi por Ele arrostado corajosamente no desempenho do mandato que lhe fora confiado? Não está claro que Jesus subordinou o sacrifício ao ideal, porque é na consumação do ideal que se acha todo o seu empenho?

Como, então, as Igrejas Cristãs se esquecem do ideal para, eternamente, rememorarem o sacrifício, fazendo desse sacrifício o objeto máximo do seu culto? Não será certo que, assim procedendo, estão invalidando o próprio sacrifício pelo descaso ao ideal que encerra a razão desse sacrifício? A necessidade prevista por Jesus é a redenção humana. O Ele ter sido sacrificado não representa, como se supõe, uma necessidade. Foi a pedra de tropeço que o egoísmo do século lançou para tolher-lhe os passos. Jesus removeu-a. A Humanidade não deve sua salvação à cruz, deve-a ao amor de Jesus Cristo. Nada justifica a adoração do madeiro, a veneração à pedra de tropeço. Não é na morte de Jesus que está nossa redenção: é na sua vida, é na sua palavra, intérprete da eterna Verdade, é nos seus ensinos, é nos seus exemplos. A morte de Jesus obedeceu à vontade humana, enquanto a obra da salvação do mundo obedece aos desígnios de Deus. Como se vê, são coisas bem distintas. A missão de Jesus está em plena atividade. A tragédia do Calvário não é, de modo algum, o seu epílogo. O Missionário da Galileia continua em ação. Paulo, o maior apóstolo do Cristianismo, é filho de Jesus Redivivo. Foi sob o influxo do Cristo ressuscitado que se fundou a Igreja Cristã, no dia de Pentecostes; e é Ele, o Redivivo, e não o Crucificado, quem tem, através dos séculos, promovido a redenção dos pecadores pela influência viva que sobre eles exerce, consoante a promessa dos Evangelhos.

O Cristo de Deus não morreu. Sublime, forte e poderoso, tem vivido, vive e viverá no coração dos que têm fome e sede de justiça.

A Ele e ao ideal que Ele encarna — honra e glória!

Não temais

> "A Igreja espera que compreendamos as horríveis cenas da paixão e que então, rompendo os laços do pecado, nos consagremos a expiá-los na santa quaresma.
>
> Ela sabe que duros são os corações e que só o medo os pode transformar. Revivendo a paixão do Salvador, compreendemos que terrível coisa é cair entre as mãos do Deus vivo."
>
> (DE *O JORNAL*, DO RIO DE JANEIRO. SEÇÃO RELIGIOSA, DO CATOLICISMO ROMANO.)

A frase que nos serve de epígrafe é constantemente repetida nas *Escrituras*, quer no Velho, quer no Novo Testamento.

Quando os profetas (médiuns) viam algum Espírito ou se sentiam impressionados pela sua influência, mostravam-se, quase sempre, profundamente emocionados. As primeiras palavras que do Além lhe dirigiam, invariavelmente, eram estas: "Não temais".

Jesus, o incomparável Mestre, foi pródigo dessa expressão. Inúmeras vezes seus discípulos receberam dele aquela alentadora admoestação. Seu alvo, como exímio educador, era levantar o moral dos seus discípulos, preparando-os para as lutas da vida, quer se tratasse das lutas íntimas, quer se tratasse das lutas travadas com elementos externos.

"No mundo tereis tribulações", predizia Ele; "mas, tende bom ânimo, eu venci o mundo", acrescentava com ênfase.

Quando, na barca, os discípulos, apavorados com o temporal que ameaçava aquela frágil embarcação, foram acordá-lo, pedindo socorro, Ele retruca de pronto: "Por que temeis, homens de pouca fé?".

Temer é duvidar, dúvida é não ter fé.

"Ide", disse Ele aos seus escolhidos: "Eu vos envio como ovelhas no meio de lobos. Contudo, não temais; os cabelos de vossa cabeça estão contados". (*Mateus*, 10:16.) Jesus não procurava atemorizar. Os processos terroristas não faziam parte de seu programa. Vinha salvar pelo amor.

Pelo terror nenhuma alma se salvará. Salvar é educar. Educar é desenvolver os poderes do espírito aplicando-os na conquista de estados cada vez mais elevados. Salvar é subir, é gravitar de um Céu para outro Céu, numa ascensão contínua e intérmina. Tal obra não se realiza por efeito do medo. Ela requer coragem, valor, abnegação.

Os falsos educadores agem pelo terror. Carecem dos meios e dos recursos peculiares à boa pedagogia; não convencem, por isso amedrontam. Querem conduzir os homens tangendo-os como fazem os pastores com suas manadas. Esquecem-se de que os seres livres não marcham para a conquista de seus destinos tangidos, mas sim atraídos. A atração é exercida pela frente. Os educadores precisam ser maiores e melhores que seus educandos, visto como hão de atraí-los, e não empurrá-los.

O educador (salvador) deve ser admirado pelos seus discípulos: nunca temido. Jesus era amado e venerado pelos Apóstolos. Todos eles se sacrificaram, com prazer, pela causa encarnada em seu Mestre querido. Se eles fossem doutrinados pelos processos terroristas, baqueariam diante das primeiras perseguições. Seriam covardes como todos os que agem pela influência do medo.

Só vemos Jesus usar expressões veementes quando se dirigiu aos hipócritas, aos sacerdotes, aos escribas e às autoridades venais que escorchavam o povo. Nunca, porém, vemos o sublime Mestre abatendo o ânimo dos pecadores. Jamais o encontramos, em todos os episódios que com Ele se deram, em atitude de quem ameaça visando a entibiar a coragem das massas populares.

Antes de Jesus passar pela Terra, Deus era a Força; depois de sua passagem, João, o discípulo amado, interpretando a doutrina de seu Mestre, dizia: "Deus é Amor".

A Igreja ignora tudo isto. Ela continua pregando o terror, disseminando ameaças em linguagem apocalíptica, a fim de deprimir os ânimos. A Nova Revelação, opondo embargos às suas arremetidas, repete com as Escrituras e com o Redentor do mundo: NÃO TEMAIS!

O óbolo da viúva

"Sentando-se Jesus em frente ao gazofilácio, observava como o povo deitava ali o dinheiro. Os ricos deitavam grandes quantias; mas, vindo uma pobre viúva, lançou duas pequenas moedas no valor de cinco réis. E, chamando seus discípulos, disse-lhes: 'Em verdade vos digo que esta pobre viúva deitou mais no gazofilácio, que todos os ofertantes; porque os ricos deram do que lhes sobrava; ela, porém, da sua pobreza deu tudo o que tinha para seu sustento'."

(MARCOS, 12:41 a 44.)

Quem mais dá, segundo afirma o Mestre, não é quem dá muito, mas é quem dá o que tem, embora pouco ou quase nada. A balança da Divina Justiça não pesa o que o ofertante dá, porém aquilo com que ele fica, para assim aquilatar o valor das dádivas.

Daqui resulta uma transcendente lição, tanto para os ricos como para os pobres, tanto para os grandes e poderosos como para os humildes e pequeninos.

Os ricos não têm de que se orgulhar pelas vultosas somas que, porventura, empreguem em obras de beneficência; porquanto, a importância desses feitos, estando, como está, em relação às suas respectivas fortunas, representa um valor muito relativo, para não dizermos insignificante.

O mérito de nossas obras está no esforço que empregamos para realizá-las como também na pureza das intenções propulsoras de nossos atos. Os "mordomos", portanto, a quem a Providência confiou a administração de largos cabedais, que se não vangloriem dos benefícios que prodigalizam supondo-se credores de maiores méritos.

Os pobres, a seu turno, aprendem também daqui um ensinamento; a pobreza não é uma condição incompatível com a prática da caridade, mesmo considerada em seu aspecto material — a beneficência. Não se esquivem, pois, de dar os que só podem dar muito pouco. O quanto vale esse pouco di-lo o legítimo intérprete da soberana justiça, reputando o óbolo da viúva superior às consideráveis somas que os dinheirosos lançaram no gazofilácio.

Democracia cristã

A democracia cristã, pugnando pela igualdade social, não quer que os grandes se tornem pequenos, mas sim que os pequenos se tornem grandes; não quer que os senhores se tornem vassalos, mas que os vassalos se tornem senhores; não quer que os sábios se tornem inscientes, mas que os inscientes se tornem sábios; não quer que os poderosos se tornem párias, mas sim que os párias se tornem poderosos; não quer que os ricos se tornem pobres, mas sim que os pobres se tornem ricos; não quer, finalmente, que os nobres se tornem bastardos, mas sim que os bastardos se tornem nobres.

É um erro crasso supor-se que para haver ricos é preciso que haja pobres; que para haver sábios é preciso que haja ignorantes, que para haver grandes é preciso que haja pequenos. A verdade é que todos podem ser ricos, sábios e grandes. A rivalidade não tem nenhuma razão de ser.

Para que uns sejam, não há mister que outros deixem de ser. E assim opera a democracia cristã na obra do nivelamento das classes: não rebaixa os que estão no alto; eleva os que estão embaixo. Só extingue os privilégios.

Na Terra há pão para todas as bocas, fato para cobrir toda a nudez, e riqueza suficiente para enricar todos os homens, ainda que sua população fosse muitas vezes maior do que na realidade é.

O Céu projeta bastante luz para iluminar todos os cérebros, bastante poder para valorizar todos os caracteres, bastante amor para enobrecer todos os corações.

Vós que sois sábios, ricos e poderosos, não vos atemorizeis. Vós que sois inscientes, pobres e pequeninos, alegrai-vos. Basta de egoísmo, basta de inveja e de ciúmes. Tenhamos fé, sejamos otimistas, e confraternizemos em nome do Cristianismo de Jesus.

Suprema medida

"*É do teor seguinte um telegrama de Londres inserto nos jornais, na época da conflagração:*
Notícias procedentes de Colônia, via Holanda, dizem que, em virtude de um pedido do papa, transmitido por intermédio do cardeal Von Hartmann, o Kaiser ordenou que não fossem mais retirados os sinos das Igrejas da Bélgica."

Ora aí está para que serve a grande e tão apregoada autoridade moral do Santo Padre: conseguir de S. M. Guilherme II que os sinos das igrejas belgas não sejam retirados de suas respectivas torres. Já é ter prestígio, não há dúvida!

Enquanto o sangue de milhares de vítimas ensopa o solo há quatro longos e penosos anos, numa campanha sem precedentes na história da Humanidade; enquanto a chacina campeia infrene, multiplicando assombrosamente o número de mortos, órfãos, viúvas e mutilados; enquanto o mundo inteiro se convulsiona no paroxismo da dor, e se contorce nos estertores de todas as agonias, o Santo Padre, *que tudo pode, graças à sua infalibilidade e onipotência*, consegue que os sinos das igrejas belgas permaneçam em suas respectivas torres! Que atitude máscula, que ato heroico, que medida estupenda, tão profícua, e sobretudo tão adequada à proporção dos males que infelicitam a Humanidade, nesta hora trágica que o mundo atravessa!

Que outro passo poderia dar aquele a cujos pés as nações se curvam submissas? Impedir o bombardeio de cidades abertas e indefesas, onde as vítimas são em sua maior parte mulheres e crianças? Sustar as hostilidades? Nada disso representaria o valor nem teria a importância do que ele acaba de conseguir do Kaiser: a segurança e a estabilidade dos sinos!

Isto é o que se chama — na linguagem eloquente do Evangelho — coar o mosquito e engolir o camelo.

A vida e a morte

"Aquele que crê em mim, ainda que esteja morto, viverá; e o que vive e crê em mim, nunca morrerá. Podeis crer isto?"

(João, 11:25 e 26.)

"O derradeiro inimigo a vencer é a morte... Porque é preciso que este corpo corruptível se revista da incorruptibilidade, e este corpo mortal se revista da imortalidade."

(Paulo – I Coríntios, 15:26 e 53.)

Morrem as flores que engalanam nossos jardins; morrem os lírios que alegram os campos; morrem as árvores seculares dos bosques; morre o gramado dos prados; morre a relva fresca das campinas e o musgo verde que tapeta as várzeas; morrem os animais; morre o passarinho alegre e trêfego, cujo canto melodioso e doce quebra o silêncio das matas, enchendo-as de encanto e de poesia; morre o ancião alquebrado, desiludido; morre o moço no verdor dos anos, com o peito estuante de esperança e a alma a transbordar de fagueiras aspirações; morre a donzela no alvorecer dos mais cálidos anelos; morrem pais deixando filhos na orfandade; morre, finalmente, a criança loura e garrida, encanto do lar, enlevo da mãe extremosa e terna.

Que significa essa pavorosa hecatombe? Será, acaso, este mundo uma vasta necrópole?

Pertencerá à morte a última palavra na odisseia da vida? Fomos criados para a morte, quando nossa alma tem fome e sede de vida?

Absolutamente não. A morte lúgubre e tétrica, cruel e inexorável, tal como se apresenta em nosso meio, não passa de um cartel de desafio, concitando-nos à conquista da vida.

A morte, como a sombra que dá relevo ao quadro, vem chamar-nos a atenção para o valor e a beleza da vida. A morte, intervindo no cenário da vida, não pretende destruí-lo; ao contrário, ela constitui o maior incentivo para a aquisição da vida verdadeira.

Ninguém daria à vida o devido valor e importância, se não fora o seu aparente aniquilamento determinado pela morte.

É a morte que faz o homem pensar na vida. Deus não encartou a morte no programa da Criação, visando a destruir essa mesma Criação, fruto do seu amor; seu propósito é fazer que a vida evolva de estágio em estágio, tornando-se cada vez mais intensa, mais estável, até culminar na eternidade, triunfando da morte definitivamente.

A morte, portanto, não é uma fatalidade contra a qual sejam impotentes os poderes de nosso espírito. A morte é um inimigo que nos desafia constantemente, anuviando os horizontes de nossa vida. Não devemos, de modo algum, conformar-nos com ela.

É necessário levantar a luva que a morte nos atira, e combatê-la de viseira erguida, até reduzi-la à impotência.

O poderio da morte funda-se em nossos defeitos, em nossas paixões e na fraqueza de nossa carne.

Para vencê-la, é mister vencer primeiramente nosso egoísmo, nossas dúvidas e nossa animalidade.

Destruídos esses redutos, a morte perde todo o seu império, e esvai-se qual bolha de sabão desfeita ao sopro da brisa.

Daí o dizer do iluminado Apóstolo das gentes: "a morte é o derradeiro inimigo a vencer".

A pura fé de Jesus Cristo, hoje ressurgida pelo evento do Espiritismo dos escombros em que a sepultaram as paixões humanas, nos instrui sobre os melhores processos a empregar nesse combate glorioso, em que todo homem racional deve empenhar-se, pugnando pela vitória do Espírito sobre a carne, da vida sobre a morte.

Hoje, como há vinte séculos, Jesus está clamando: "Aquele que crê em mim, ainda que esteja morto, viverá, e o que vive e crê em mim, nunca morrerá".

Podeis crer isto?

Roma ou Jesus?

A cúria romana fez publicar em *O Estado*, sob a epígrafe "Instruções para a Quaresma", os seguintes preceitos:

"Todos os católicos maiores de 21 anos, não legitimamente impedidos, são obrigados a jejuar com abstinência de carnes em todas as refeições, nos dias mencionados, isto é, no dia de quarta-feira de cinzas; na quinta-feira santa e em todas as sextas-feiras da Quaresma.

O jejum consiste essencialmente no seguinte: de manhã, ligeira refeição, que pode ser leite, chá, etc. Os ovos são proibidos em tal refeição.

Ao meio-dia, jantar, ou só de peixe ou só de carne.

Nesta refeição podem entrar ovos. À noite, outra pequena refeição.

Continua em pleno vigor a lei da Igreja que proíbe misturar carne com peixe nos dias de jejum e na Quaresma. Mesmo os fiéis que não jejuam são obrigados a não fazer mistura de carne com peixe".

No entanto, Jesus estabeleceu uma doutrina diametralmente oposta a essa preconizada pela Igreja, como se depreende, de modo positivo e insofismável, do trecho que passamos a transcrever do *Evangelho segundo São Marcos*, 7:17 a 23.

Chamando Jesus a si toda a multidão, disse: "ouvi-me vós todos e compreendei: Nada há fora do homem que, sendo por ele ingerido, o possa contaminar, mas o que sai do homem é que o contamina e macula".

Se alguém tem ouvidos de ouvir, ouça.

Quando deixou a multidão, e se recolheu com seus discípulos, estes o interpelaram acerca daquelas palavras, para eles, parabólicas. E Jesus então disse: "Assim também, vós estais sem entendimento?".

"Não compreendeis, como é evidente, que tudo o que de fora entrar no homem não o pode macular, porque não atinge o coração, mas vai ter ao estômago, e em seguida será expelido por lugar escuso?

"O que sai do homem, isso, sim, o contamina, porque é do interior dos corações que vêm os maus pensamentos, os adultérios, as concupiscências, os homicídios, o roubo, a avareza, a inveja, a soberba, a fraude, a blasfêmia e a loucura. Todos estes males, pois, contaminam o homem."

Como se vê, os preceitos de Jesus são a antítese dos de Roma. Os primeiros falam à nossa razão; os segundos visam apenas a impressionar os sentidos. Jesus quer a essência, enquanto Roma se contenta com as aparências. Roma é a matéria; Jesus é o espírito.

Escolhamos, portanto, entre Roma e Jesus, visto como não podemos servir a dois senhores, quando as doutrinas que eles nos recomendam são de tal natureza opostas que se contradizem e se anulam reciprocamente.

A transfiguração

"*Jesus, levando consigo Pedro, Tiago e João, subiu ao monte para orar. Enquanto orava, o aspecto de seu rosto alterou-se e as suas vestes tornaram-se resplandecentes. Eis que dois varões confabulavam com ele: eram estes — Moisés e Elias, que apareceram em glória falando sobre a retirada que Jesus estava para realizar em Jerusalém. Pedro e seus companheiros estavam como que oprimidos de um grande sono; todavia, conservando-se acordados, viram a sua glória e os dois varões ao lado dele.*"

(LUCAS, 9:28 a 32.)

Tal é como Lucas descreve o fenômeno da transfiguração de Jesus, quando em comunicação com Moisés e Elias, dois profetas que há séculos haviam deixado a Terra.

Enquanto a ciência materialista sela para sempre os túmulos, Jesus levanta suas lajes e surpreende-nos com uma nova vida, que além da campa se ostenta, e gloriosamente se manifesta aos olhos dos mortais.

Enquanto as vãs filosofias firmam barreiras e abismos intransponíveis entre o Céu e a Terra, Jesus rompe a velha bastilha e mostra-nos os dois mundos entrelaçados numa aurora refulgente de luz.

Soberbo! Edificante! Maravilhoso!

Jesus, tu és de fato como disseste: a Verdade, o Caminho e a Vida.

O Dia dos Mortos

A Igreja determinou o dia 2 de novembro para comemoração dos mortos. O governo, para lhe ser agradável, ratificou a escolha daquele dia, decretando-o feriado nacional.

Ficou, pois, o *2 de novembro* sendo eclesiástica e oficialmente o *Dia dos Mortos*.

Mas de que espécie de *mortos*? Sim, de que espécie, indagamos, visto existirem duas categorias de *mortos*: os que são denominados tal, por haverem deixado a matéria, e os assim chamados por viverem somente a vida animal. A primeira classificação é dos homens; a segunda é de Jesus Cristo.

Para o mundo, *mortos* são os que despiram a carne. Para Jesus, são os que vivem nela imersos, alheios à Espiritualidade.

É o que se infere claramente daquelas célebres palavras que Ele dirigiu a certa pessoa que se propunha a acompanhá-lo, uma vez que lhe fosse dado, antes, enterrar o pai que havia falecido: "Deixa aos *mortos* o cuidado de enterrar seus *mortos*; tu, porém, vai, anuncia o Reino de Deus".

Ora, o dia 2 de novembro será consagrado aos *mortos* que se foram, ou aos que ficaram? Parece que estes últimos pretendem que seja para aqueles, porém, em realidade, é para os *mortos* que ficaram.

Reportando-se aos antepassados que se distinguiram pela inteireza de sua fé, tais como Abraão, Isaque e Jacó, disse Jesus aos saduceus, sectários, que, admitindo a existência de Deus, negavam a vida futura: "Para Deus, todos vivem, pois Ele não é Deus dos *mortos*".

Logo, o 2 de novembro é consagrado aos *mortos* que habitam a Terra, e não aos vivos que povoam os Céus.

É o que, involuntariamente, descobriu o cronista da folha *O Estado*, estranhando o descaso com que o povo recebeu o Dia de Finados, este ano, por decreto papalino, transferido para 3 de novembro.

Concedamos a palavra ao referido cronista do brilhante matutino paulistano:

"Aquele sentimento generalizado de respeito, no dia consagrado aos que já não vivem, parece que vai arrefecendo, entre nós, o que, na hipótese de se confirmarem tais aparências, seria um desolador sintoma de alteração do nosso caráter. Este ano coincidiu o Dia de Finados com um domingo, e por isso a Igreja Católica transferiu para o imediato as cerimônias fúnebres. Por essa razão fez-se feriado também a segunda-feira, o que vale por uma duplicação do dia consagrado aos mortos, pois o dia, marcado pela Constituição, nem por isso deixou de ser, como nos demais anos. Entretanto, de par com esse aumento, as manifestações públicas de piedoso culto aos mortos estiveram longe de revelar maior intensidade, pois, além do sueto estabelecido para aqueles dois dias, e das romarias aos cemitérios, nenhum aspecto particular apresentou a cidade, que os distinguisse dos dois anteriores, feriados também em atenção a outras circunstâncias. Quer no dia marcado pela Constituição, quer no que a Igreja consagrou aos mortos, a cidade ostentou o mesmo bulício de sempre, e nenhuma casa de espetáculo se julgou no dever de suspender a atividade em virtude de qualquer sentimento religioso ou tradicional relativo aos mortos!".

Não nos escandalizamos, nem nos surpreendemos com o caso, como o autor das linhas acima transcritas. Achamo-lo, antes, natural.

O sentimento, qualquer que ele seja, é uma vibração espontânea da nossa alma; e, como tal, não obedece a praxes, nem a liturgias, nem a decretos de espécie alguma. A Constituição e a Igreja podem determinar datas e fixar dias, declarando-os santos ou feriados, porém jamais lograrão com isso influir no recesso dos corações, despertando sentimentos, ou criando virtudes.

A virtude há de ser o fruto natural e espontâneo da educação moral, ou não será virtude. Submetê-la a decretos ou encíclicas é desconhecer-lhe a natureza. Daí todas as formas de hipocrisia conducentes a essa degeneração do ca-ráter, que tão mal impressionou o noticiarista do grande órgão de publicidade, *O Estado*.

A virtude não vai à forma nem admite máscara. Ela foge espavorida dos meios onde tentam mascará-la. Será, pois, de admirar que o povo haja perdido a consideração e o respeito pelo *Dia dos Mortos*?

Os *mortos-vivos*, que habitam os páramos de luz, só atenderão às invocações dos sentimentos puros, sinceros e espontâneos de nossas almas. Eles desdenham das cerimônias fúnebres em dias e horas determinadas pelas convenções humanas.

Fica, portanto, o dia 2 de novembro consagrado aos *vivos-mortos* que se acham inumados na carne.

Sigamo-lo

"Eu sou o Caminho, a Verdade e a Vida; ninguém vai ao Pai senão por mim" — disse Jesus aos seus discípulos.

Por que é Jesus o Caminho? Porque penetrou a mente divina estabelecendo íntima, perfeita e ininterrupta comunhão com Deus. Desse modo, conquistou a Verdade e a Vida.

Que é a Verdade? A verdade é o imutável, o eterno, o indestrutível. É o que os fatos confirmam todas as vezes que apelamos para o seu testemunho. É o que sempre foi e será. Verdade é amor.

Que é a Vida? A Vida é o triunfo sobre a morte. É a vitória sobre o aniquilamento: vitória decisiva, absoluta, que exclui por completo a possibilidade de derrota. A Vida é a manifestação da vontade de Deus: Vida é amor.

Jesus possui a Verdade e a Vida. De todos os entes que pisaram a Terra nenhum outro o fez com tais prerrogativas.

A sabedoria do homem é vã. A vida do homem passa como uma sombra. O seu amor está subjugado pelo egoísmo.

O homem não vingou ainda a Verdade e a Vida porque ele erra a cada instante, e porque de dia para dia avança para a morte.

O homem, portanto, não percorreu o caminho que conduz à Verdade e à Vida.

Jesus já fez essa jornada: já logrou Verdade e Vida. Ele, pois, é o Caminho por meio do qual o homem alcançará Verdade e Vida. Enquanto o homem não seguir as pegadas de tal guia, jamais vencerá o carreiro a percorrer.

A estrada é uma só: não há outra. O destino é uno na eternidade. Avisado anda quem não perde tempo por atalhos e torcicolos que não têm saída.

Jesus é o Caminho, porque já conhece o terreno a transpor. Já fez o percurso. É o único que pode guiar com segurança aqueles que o têm de fazer. O homem não sabe conduzir outro homem. Ao Filho de Deus, mas somente ao Filho de Deus, é dada essa missão. Seu corpo não viu corrupção; sua palavra não foi contestada; ninguém o convenceu de pecado; seu amor não teve intermitências em qualquer transe ou conjuntura. Não há, para Ele, paralelo possível neste mundo.

Jesus é, sem dúvida, o Caminho: sigamo-lo.

A religião de Jesus

O Batista estava no cárcere à mercê de Herodes, o tetrarca. Rumores confusos pairavam em torno do prometido Messias que já se achava na Terra. Alguns diziam: "É Ele em verdade o Cristo das profecias"; outros, porém, afirmavam o contrário.

O Profeta dos desertos que o havia batizado nas águas do Jordão, e, nesse momento, ouvia a voz do Céu testificar sua origem divina, sabia perfeitamente que Jesus era o Cristo.

Prevendo, como profeta, o fim que lhe estava reservado, tratou de encaminhar seus discípulos para aquele de quem não se julgava digno de atar as correias das sandálias. Enviou, então, a Jesus dois deles que costumavam visitá-lo na prisão, dizendo-lhes: "Ide a Jesus, e perguntai-lhe: És tu mesmo o Cristo esperado?".

Partiram os emissários em demanda do Filho de Deus; e, encontrando-o, disseram-lhe tal como lhes fora recomendado.

O Mestre, antes de lhes responder, curou inúmeros enfermos de várias moléstias, aliviou muitos flagelados por maus Espíritos, e, em seguida, disse-lhes: "Contai a João tudo que vistes e ouvistes: os cegos veem, os surdos ouvem, os paralíticos locomovem-se livremente, os leprosos ficam limpos, os mortos ressuscitam, e aos pobres anuncia-se-lhes o Evangelho; e bem-aventurado é aquele que em mim não achar motivo de tropeço".

E assim se deu a conhecer o Enviado do Céu. Se tal característico distingue o Cristo, tal característico deve distinguir a sua Igreja. O Cristianismo, portanto, é a religião do amor objetivada na solidariedade humana.

É notório haver Jesus encartado no número das maravilhas da sua religião o anunciar-se o Evangelho aos pobres. Por tal devemos compreender, não as prédicas, as teorias anunciadas com mais ou menos habilidade dos púlpitos e das tribunas, mas o conceder-se aos humildes o bem-estar, as regalias e o conforto a que eles têm direito, abolindo-se os privilégios odiosos que vêm, através de todos os tempos, cavando abismos de separação entre as classes sociais.

Anunciar, pois, o Evangelho aos pobres significa assisti-los em suas necessidades morais e materiais, atendê-los em suas justas aspirações, contribuindo para melhorar a situação angustiosa em que eles, por vezes, se encontram: significa amá-los como a nós próprios, fazendo por eles o que queremos para nós mesmos, testemunhando assim a nossa solidariedade em atos de justiça e de misericórdia, conforme o exemplo de Jesus Cristo.

A religião do Filho de Deus é aquela que se levanta sobre as bases desta tríade bendita: *Amor, Igualdade, Liberdade*. Para ela o mundo caminha, embora assim não pareça: e bem-aventurados aqueles que nessa fé não encontram motivo de escândalo.

Julgamento macabro

Assim se deve denominar o júri a que se reporta a seguinte notícia:

"Jerônimo Nailor, processado por crime de estelionato, está preso na Casa de Detenção, do Rio; e, achando-se gravemente doente, impossibilitado de se locomover, pediu ao juiz, Dr. Vaz Pinto Coelho, que procedesse ao julgamento na própria detenção, no que foi atendido.

Anteontem, às 13 horas, na sombria enfermaria daquele presídio, deram entrada o juiz Dr. Vaz Pinto Coelho, o procurador da República Dr. Buarque Pinto Guimarães, o advogado Dr. Pinto Lima, e o escrivão Cunha Pinto.

Estes senhores acercaram de um leito, onde um homem esquálido, de olhos esbugalhados, agonizava...

Vinham esses representantes da lei fazer o julgamento do moribundo, o réu Jerônimo Nailor, acusado de haver, em novembro de 1911, abonado uma firma falsa para receber no Tesouro a quantia de 6:000$000 (seis contos de réis), que pertencia ao padre Giacomo Cocole.

O procurador da República leu o libelo, fez a acusação; o advogado da defesa, Dr. Pinto Lima, defendeu o acusado, e pediu ao juiz a sua absolvição.

Os espectadores dessa cena eram presidiários e doentes, que, de faces encovadas e de olhos fundos, mal se erguiam do leito, curiosos.

O réu era indiferente a tudo o que se passava e estertorava já, quando, seguido pelos olhares doentios dos correcionais, o juiz, o procurador, o advogado e o escrivão desapareceram pelo portão da enfermaria".

Eis como se demonstra a *indefectibilidade* da justiça humana. Julga-se um moribundo que estertora no catre de um calabouço, e abrem-se de par em par as portas palacianas para os biltres de toda a espécie, responsáveis pela ruína da sociedade.

Ademais, como houve o padre Giacomo de Cocole os 6:000$000 que deram lugar à prisão do culpado? Naturalmente é o produto de missas pelas almas do purgatório. Ora, como se ousa punir Jerônimo Nailor por crime de estelionato, quando o padre, queixoso, praticou também o estelionato, iludindo a boa-fé de dezenas de incautos capazes de suporem que com dinheiro se obtêm passaportes para o Céu?

Bem disse Jesus aos seus discípulos: "Se a vossa justiça não for superior à dos escribas e fariseus, de maneira alguma entrareis no Reino dos Céus".

O Anticristo

— Que palácio é aquele que se ergue na cidade das sete colinas e para onde se dirigem os altos dignitários de todo o mundo?

— É a sede do pontificado cristão.

— Não compreendo. Jesus disse: "Meu Reino não é deste mundo".

"Quem é aquela personagem, que lá vejo assentado num trono, tendo na mão um cetro de ouro, cingindo uma tríplice coroa em que refulgem pedrarias custosas?"

— É o *vigário de Cristo*, chama-se *Papa*.

— Não compreendo. Jesus nasceu num estábulo, viveu com humildade, pregou a renúncia do mundo, e disse: "A raposa tem seus covis, e as aves do céu seus ninhos, mas o Filho do homem não tem onde reclinar a cabeça".

"Que simbolizam a coroa e o cetro?"

— Poder, realeza, soberania.

— Não compreendo. Jesus disse a seus Apóstolos: "Entre os gentios existem príncipes que os dominam, porém, entre vós não será assim. Aquele dentre vós que quiser ser o maior seja o menor; o que quiser fazer-se grande seja vosso servente; assim como o Filho do homem, que não veio para ser servido mas para servir e dar a sua vida em resgate por muitos".

"O Papa permanece constantemente em Roma?"

— Sim, não se afasta da capital italiana e jamais ultrapassa o limiar do seu faustoso paço. Chamam-lhe, por isso, o *prisioneiro do Vaticano*.

— Não compreendo. Jesus disse a seus discípulos: "Ide e pregai por toda a parte o Evangelho do Reino. Curai os enfermos, expeli os demônios".

"Que fazem aqueles soldados equipados que vejo disseminados por entre todas as dependências do Vaticano?"

— Eles constituem o que se chama: *a guarda do Papa*. Têm por missão defender o sumo pontífice e as riquezas do Vaticano.

— Não compreendo. Jesus disse: "Todos os que lançarem mão da espada à espada morrerão". Disse mais aos seus: "Não possuais ouro nem prata em vossos cintos".

"Donde provêm as riquezas do Vaticano? E como consegue o Papa conservá-las, tendo ao mesmo tempo de atender às enormes despesas que deve fatalmente acarretar a vida luxuosa que ostenta?"

— Vêm das várias fontes de renda, que a Santa Sé possui, cujo produto sobe a somas avultadíssimas. Esses rendimentos são fiscalizados pelos prepostos do Papa, os quais, depois de retirarem a parte que lhes toca, canalizam o restante para Roma. Denomina-se isso — *óbolo de S. Pedro*.

— Não compreendo. Jesus disse: "Dai de graça o que de graça recebestes. Dificilmente os ricos entrarão no Reino de Deus".

"Que significam aquelas chaves que o Papa traz nas mãos?"

— São as chaves do *Reino dos Céus*, que Cristo prometera a S. Pedro.

— Não compreendo. As chaves a que Jesus aludira são um símbolo; representam a sua doutrina, o seu Evangelho, o qual Ele mandou espalhar e difundir para a salvação de todos. Não só Pedro como os demais apóstolos receberam igual mandato.

"E que relação tem o Papa com Pedro?"

— O Papa diz que São Pedro foi instituído chefe da Igreja Cristã, e que o Papa é seu legítimo sucessor.

— Não compreendo. Pedro jamais se julgou superior aos seus companheiros de apostolado; trabalhava de comum acordo com todos. As deliberações eram tomadas em conjunto. E isso faziam-no eles em obediência à recomendação de Jesus: "A ninguém chameis mestre ou senhor. Eu sou o vosso Mestre".

"Por que se ajoelham os peregrinos diante do sólio pontifício e osculam os pés do Papa?"

— É uma reverência que rendem ao Santo Padre.

— Não compreendo. O Santo Padre diz-se sucessor de Pedro; e este confessou-se pecador. O Papa diz-se *vigário de Cristo*, e este lavou os pés a seus discípulos. Não laborará o Papa em erro com tal proceder?

— Não; ele é infalível, e quem é infalível nunca erra.

— Não compreendo. O Papa é sucessor de Pedro, e Pedro, apesar da íntima convivência com seu Mestre, a quem amava e procurava obedecer, errou por várias vezes, chorou amargamente suas fraquezas, e arrependeu-se.

"Dar-se-á então que o Papa esteja em comunhão constante com o Espírito Santo, graças a cuja assistência permanente sua natureza humana se modifique, tornando-se isenta de falhas e paixões?"

— Perfeitamente; é isso precisamente o que se dá.

— Não compreendo. Jesus quando disse a seus apóstolos: "recebei o Espírito Santo" e soprou sobre eles, desde logo os apóstolos se acharam sob poderes extranormais. Falavam línguas desconhecidas, saravam enfermidades, expeliam maus Espíritos, e até ressuscitavam mortos. Não me consta que tenha havido Papa que efetuasse *uma só* daquelas maravilhas.

"Que pretende o Papa com toda essa organização que se denomina — Igreja?"

— Manter e desenvolver o espírito cristão sobre a Terra.

— Não compreendo. Quer manter e desenvolver o espírito cristão, agindo em tudo e por tudo em completo antagonismo com os preceitos do Nazareno?

"E com que fito procura o Papa manter e desenvolver o espírito cristão entre os homens?"

— Com o fim de prepará-los para a outra vida. Daí seus esforços e exemplificações, no sentido de os desviar das coisas mundanas, que fascinam as almas, impedindo-as de perceber as coisas espirituais.

— Não compreendo. O Papa quer preparar os homens para o Céu, atraindo-os à Terra. Quer desviá-los das coisas mundanas, deslumbrando-os com os esplendores do seu trono; com a magnificência do seu docel; com o resplandecer da sua tiara; com o cintilar das suas sandálias; com o luzimento dos seus barretes de ouro; com sua capa pluvial recamada de pedras orientais; com seus mantos de asperges marchetados de rubis e safiras; com suas púrpuras, sedas, damascos, veludos escarlates e brocados.

"Até quando se verá este contraste?"

— Até a vinda do Anticristo.

— Não compreendo. O Anticristo está em ação, opondo-se à moral evangélica, contrariando clara e ostensivamente a doutrina do Cristo, e espera-se ainda por sua vinda?!...

Alegria de viver

> *"[...] e o vosso coração se encherá de gozo, e esse gozo ninguém vo-lo tirará."*
>
> **(João, 16:22.)**

O pessimismo envenena a fonte da vida, destruindo em nosso espírito a alegria de viver.

A origem desse estado mórbido, dessa lepra da alma está na irrealização dos ideais que acalentamos. Por isso o pessimismo ataca mais a velhice que a mocidade. Esta alimenta ilusões, sonhos, esperanças fagueiras, donde lhe advém entusiasmo, coragem e arroubo, elementos estes que agem como preventivo contra aquele terrível mórbus.

Na velhice, as ilusões dissipam-se, as quimeras desvanecem-se e, com elas, o entusiasmo e a alegria de viver.

Da escolha, pois, do ideal que constitui objeto de nossas aspirações, tudo depende. A alegria de viver vem do ideal. Ela não existe onde o ideal falece, visto como este é o manancial que a sustenta. Quando este seca, a vida morre, porque não há vida onde não há alegria de viver. A vida há de ser vivida com prazer, seja qual for a emergência em que nos encontremos, transcorra ela num palácio ou numa tapera, no fastígio do poder ou na obscuridade extrema.

Se a velhice é pessimista, é porque na mocidade nutriu ideais rasteiros ou quiméricos. O espírito não envelhece: é imortal. Na imortalidade não há decrepitude, porque não há morte. O pessimismo, portanto, não é fruto da decadência da matéria, é, antes, consequência da descrença e da desilusão quanto aos ideais entusiasticamente acalentados. Se eles eram falhos e irrealizáveis; ou se não corresponderam, pela sua natureza, às necessidades da alma, hão de ocasionar amargas decepções, que destruirão a energia e a fé, mergulhando os espíritos no pessimismo, que é a sepultura da vida.

Cumpre, pois, analisarmos cuidadosamente o ideal que alimentamos. Ele deve ser puro, elevado, e, sobretudo, possuir o cunho inconfundível da realidade. Nada de edificações sobre a areia. É na rocha que devemos apoiar seus fundamentos. Precisamos adquirir convicção inabalável a respeito de sua realidade e de sua grandeza. A convicção vem da prova. À medida que formos consumando nosso ideal, nossa alegria de viver há de aumentar de intensidade, suportando todas as lutas, todas as provações, todos os reveses. A alegria de viver será em nós indestrutível, segundo assevera o Mestre: "...e o vosso coração se encherá de gozo, e esse gozo ninguém vo-lo tirará".

O ideal donde emana essa fonte perene de gozo e de vida não é deste mundo. Seu reino não é daqui. Havemos de realizá-lo dentro, e não fora de nós. No mundo teremos tribulação, porém, com o ideal, venceremos o mundo. Não devemos impressionar-nos com as maldades e a corrupção do século. O reino da justiça e do amor deve ser um fato em nosso interior, no recesso de nossos corações. Os escândalos, de que o mundo é pródigo, abatem as energias morais, predispondo ao pessimismo. Mas, se considerarmos que o Reino de Deus nada tem com o exterior, não seremos atingidos pelos escândalos, por maiores que eles sejam.

Ainda que se multiplique a iniquidade, nossa fé não arrefecerá. O ideal supremo, único, digno de nossas aspirações, nos fará perseverar até ao fim, sem temores nem desfalecimentos. Nossas almas permanecerão no estado de otimismo contínuo, correspondendo à tal fonte de água viva que do nosso interior fluirá para a eternidade, conforme Jesus disse à Samaritana.

O crente

O verdadeiro crente em tudo se revela. No prazer é comedido; na dor é resignado.

Na alegria é expansivo, sem alarde; na tristeza é recolhido, sem reclamos.

Na saúde é temperante; na enfermidade é sofrido.

Na abastança é generoso; na pobreza é conformado.

No juízo próprio é severo; no juízo de outrem é indulgente.

No falar não é fátuo; no calar não é covarde.

Na sociedade é fraterno; na intimidade é afetuoso.

No dizer — Sim — é sincero; no dizer — Não — é benigno.

No saber não se vangloria; no ignorar não dissimula.

Na promessa é fiel; no dever é reto.

Na paz é advertido; na luta é diligente.

Na prática do bem é altruísta; em recebê-lo é reconhecido.

Na fé é espiritual, na esperança é perseverante, no amor é puro, no querer é firme.

Nos sucessos da vida quer que sobre a sua vontade prevaleça a vontade de Deus.

E assim é o verdadeiro crente: em tudo se revela.

O ímpio

O homem sem crença em tudo se revela. No prazer é descomedido; na dor é insofrido.

Na alegria é exagerado; na tristeza é irritado.

Na saúde é intemperante; na enfermidade é desesperado.

Na abastança é egoísta; na pobreza é revoltado.

No juízo próprio é lisonjeiro; no juízo de outrem é temerário.

No falar é fátuo; no calar é covarde.

Na sociedade é hostil; na intimidade é intolerante.

No dizer — Sim — é afetado; no dizer — Não — é arrogante.

No saber se vangloria; no ignorar dissimula.

Na promessa é falso; no dever é falho.

Na paz é negligente; na luta é imprudente.

Quando faz o bem é interesseiro; quando o recebe é ingrato.

Na fé é todo material, na esperança é todo inconstante; no amor é todo sensual, no querer é todo instável.

Nos sucessos da vida quer que sua vontade prevaleça sobre as demais, inclusive sobre a vontade suprema de Deus, cuja existência nega, e cuja justiça desdenha.

É assim o homem ímpio: em tudo se revela.

Quantidade e qualidade

> *"Voltando-se Jesus para a grande multidão que o acompanhava, disse: Quem não colocar minha doutrina acima do pai, mãe, irmão, mulher e filhos e até da própria vida, não pode ser meu discípulo. Aquele que não transportar a sua cruz e não renunciar a tudo quanto tem, tampouco pode ser meu discípulo. Pois qual de vós, querendo construir uma torre, não se assenta primeiro a fazer as contas da despesa, para ver se tem com que acabar a obra? E isto para não acontecer que, após haver lançado os alicerces, e não a podendo acabar, dê ensejo a ser escarnecido, dizendo-se: Aquele homem começou a construir e não pôde acabar."*
>
> (LUCAS, 14:25 a 30.)

Por aqui se vê que Jesus não se preocupava com o número avultado de prosélitos que porventura se reunissem em torno do ideal que anunciava. Ele queria homens compenetrados, convencidos e perfeitamente cônscios dos seus deveres, e da grande responsabilidade que assumiam perante Deus em suas próprias consciências. Pouco se lhe dava que a turbamulta inconsciente e curiosa que o seguia debandasse. A multidão que se move como as vagas impelidas pelo vento é irresponsável. Com a facilidade com que se entusiasma num momento dado, arrefece também diante do primeiro obstáculo a remover.

Jesus não pretendia arrebatar, mas convencer. Não hipnotizava atuando sobre os sentidos por meio de aparatosos ritualismos: dirigia-se à razão, falava aos corações. Jamais intentou granjear adeptos iludindo-os com falazes promessas. Salientou bem as dificuldades que teriam a vencer, e precisou com a máxima clareza as condições que deveriam preencher os que quisessem ser seus discípulos. Não ocultou a escabrosidade do carreiro. Comparou-o mesmo com a trajetória do Calvário, determinando que cada um deve levar sua cruz, se quiser segui-lo.

Para ser ainda mais claro, aconselhou aqueles que pretendessem seguir-lhe as pegadas a medirem primeiramente suas forças, assim como o homem que, tendo em vista construir uma obra, deve balançar previamente seus haveres para evitar ridículos insucessos.

O verdadeiro Cristianismo, portanto, não se interessa pela *quantidade*, mas sim pela *qualidade*.

Caráter

No homem verificam-se duas entidades: a personalidade e a individualidade. Aquela passa, esta permanece. A primeira é mortal, morre e renasce muitas vezes. A segunda é imortal, indestrutível, eterna.

Quase sempre o interesse da personalidade se acha em conflito com o interesse da individualidade. Esta deve predominar sobre aquela, no entanto, é o contrário que comumente se dá. Deus organizou a personalidade como instrumento da individualidade; mas o homem, desconhecendo-o, tenta contrariar a sabedoria do programa divino, sacrificando a evolução da individualidade.

A individualidade é filha de Deus, a personalidade é filha do homem. Uma é sombra, outra é luz. Uma natureza é humana, outra é divina. Acham-se tempo-rariamente entrelaçadas, até que o espírito triunfe da carne.

Muitas vezes é preciso humilhar a personalidade para exalçar a individualidade. "Aquele que se humilha será exaltado." O mundo ilude o homem frequentemente neste particular, de modo que, na defesa de pseudodireitos, na submissão às vaidades do século, ele sacrifica o maior ao menor, o superior ao inferior.

O homem, enquanto se deixa conduzir pela personalidade, infirma sua individualidade, não tem aquele traço indelével que o deve distinguir e se denomina caráter.

O caráter é a manifestação do poder da individualidade sobre a personalidade; sobrepondo-se aos desejos e às cobiças, que são preconceitos e vícios da personalidade, o caráter forma-se e consolida-se. Daí o dizer de um grande educador: A vontade é a força principal do caráter; é, numa palavra, o próprio homem.

Conclusão: enquanto a individualidade não domina a personalidade, o homem não é Homem: é uma sombra que passa.

Jesus e a História

A História nada diz a respeito de Jesus. Nenhuma referência, nenhuma frase, nenhuma palavra sobre o maior vulto, e a mais pulcra entidade que passou pela Terra.

Mas, afinal, que importa esse desdém da História, se é precisamente através dessa falha que se vê a figura majestosa do soberano Mestre ostentar-se em pleno fulgor? Que outra individualidade cantada nas páginas da História logrou jamais impor-se como Jesus Cristo? Quem, como Ele, conseguiu assinalar sua travessia por este orbe com sulcos tão indeléveis?

Onde aquele cuja memória se haja perpetuado como a sua, acentuando-se cada vez mais vivamente nos corações à medida que o tempo decorre? Os séculos, que se sucedem sobre as gerações que passam, longe de empanarem o brilho do seu nome, fazem-no, antes, refulgir cada vez com mais desusado esplendor. Só Ele é o astro cujo brilho se vem intensificando progressivamente, ao invés de esmaecer como sucede àqueles que a História insculpiu no firmamento de suas páginas.

Jesus, por isso, prescinde, sem prejuízo, de tudo que a seu respeito pudesse, porventura, dizer a História. Ele encerra em si mesmo a verdadeira história da Humanidade. Jesus é a história viva do homem.

A História são relatos do passado da Humanidade. Jesus é a história do porvir humano. A História diz o que fomos, Jesus diz o que seremos. A História reflete as máculas e fealdades de nossa natureza inferior; Jesus assinala as belezas de nossa natureza superior. A História falseia em muitos pontos, arrastada pela influência de paixões rasteiras, Jesus é sempre a expressão da verdade para os que têm olhos de ver. A História é letra, Jesus é vida. A História é e será uma obra inacabada, Jesus é o modelo vivo, é o protótipo da perfeição para ser imitado. A História é a carne, Jesus é o espírito. A História é o repositório das contradições, dos atos de egoísmo, das lutas fratricidas, Jesus é o conjunto das harmonias, é o altruísmo, é o fiel reflexo do Supremo Amor.

De tal sorte, por que havia Jesus de figurar na História, se Ele mesmo é a verdadeira história do homem? História viva, completa, sem falhas, sem lacunas, sem erros; história que se não limita ao registro de um pretérito mesquinho, mas se desdobra em páginas brilhantes, que nos acenam com um porvir glorioso.

Quando o homem compreender o Filho de Deus, cairá de seus olhos o véu que lhe oculta o futuro, porque o Filho de Deus é a visão clara desse futuro. Então, o homem saberá que Jesus, esse Jesus que está excluído da História, é, em verdade, a História de sua História.

Mãe

Mãe!... Donde virá a magia que esse nome encerra? Por que será que, somente ao pronunciá-lo, um sentimento augusto e santo de respeito nos invade o coração? Donde lhe vem o culto que se lhe presta, a homenagem que lhe rendem todos, mesmo aqueles cujos caracteres ainda se ressentem de graves senões? Por que será que a simples palavra — mãe, tão singela, tão humilde, que só três letras requer, tem o condão maravilhoso de fazer vibrar as cordas dos sentimentos, por mais embotados que estes estejam?

O que há nesse nome de extraordinário não está nas letras que o vestem: está no espírito que o vivifica. A letra é a sua forma exterior como a matéria é o disfarce que encobre a alma.

Mãe quer dizer abnegação, desvelo, carinho, renúncia, afeto, sacrifício — amor — numa palavra. São esses os seus predicados inalienáveis. Daí a origem de sua eloquência, de sua fascinação, de seu prestígio, de sua força, de seu encanto.

Ser mãe não se resume no fenômeno fisiológico da maternidade. Ser mãe é possuir aquelas virtudes, e proceder em tudo consoante o influxo que delas deriva.

A legitimidade do título vem, pois, do moral e não do físico, da alma e não do corpo. Há mulheres que geram filhos sem jamais se tornarem mães. Outras há que o são de nascimento.

E assim sói acontecer com tudo que paira no plano objetivo. A verdade não está na letra que afeta nossos sentidos: está invariavelmente no espírito que movimenta a forma, que anima a matéria, que vivifica a letra.

O Verbo Divino

"*No princípio era o Verbo, e o Verbo estava com Deus, e o Verbo era Deus.*"

(João, 1:1.)

Verbo é a palavra dútil, maleável, que se dobra e desdobra sobre si mesma, assumindo uma série de modalidades como nenhum outro vocábulo é capaz de comportar. O Verbo é por isso a palavra por excelência, a palavra que enuncia a ação.

Quando Deus disse: "Faça-se a luz" — já a luz existia no seu pensamento eterno. O complemento que se segue àquela ordem do Verbo Divino — e a luz foi feita — marca apenas o início da Criação para a consciência humana.

Do seu pensamento infinito Deus tirou o Universo. A obra da Criação é uma obra eterna, que se ostenta através de formas e aspectos inumeráveis.

O que se admira nas obras de Deus é o mesmo que se admira nas obras do homem: é a inteligência. Quando vemos um edifício majestoso, não nos maravilhamos da pedra, da caliça, da madeira, do ferro, ou de qualquer outro elemento que haja entrado na sua feitura. O que nos empolga é o arranjo, a combinação, o aproveitamento na harmonia do conjunto, na obediência aos preceitos e requisitos que regem a arte de edificar, produzindo estética, solidez, higiene e utilidade.

Quem tudo isso concebe é a inteligência. A inteligência é a faculdade mercê da qual o pensamento é orientado, dirigido e aproveitado.

O pensamento, inteligentemente acionado, põe e dispõe os materiais nas edificações.

De um edifício que se abate, dizemos: é um montão de ruínas. Por quê? Não está ali tudo de que o mesmo se compunha? Falta-lhe a magia da inteligência, o fruto do pensamento.

Outro tanto podemos dizer da música. O encanto da música, que extasia e arrebata, fazendo vibrar as cordas dos nossos mais íntimos sentimentos, não está nas sete notas; está na inteligência do artista que as coordena e harmoniza, nesta ou naquela gama, criando melodias, tonalidades e modulações que podem variar ao infinito.

Deus, atuando sobre seu pensamento, gera mundos e seres, que dele vivem, e para Ele gravitam na eternidade do tempo e no ilimitado do espaço.

O pensamento é força. Não se concebe força sem substância, visto como é agindo sobre a substância que a força se manifesta. Logo, o pensamento é alguma coisa no homem, é o tudo em Deus.

Antes que nossas obras se revelassem como tal, elas estavam em nossos pensamentos, faziam parte de nós mesmos.

Deus, antes de nos revelar como obra sua, tinha-nos com Ele, éramos seu pensamento, seu Verbo. Esse pensamento e esse Verbo tornaram-se Criação sua, feita à sua imagem e semelhança.

João Evangelista, descrevendo a origem de Jesus Cristo, delineou a história da Criação. Tomou naturalmente por modelo a Jesus, porque, de fato, Jesus é a única obra de Deus inteiramente acabada que o mundo conhece: é o Unigênito.

Jesus é o arquétipo da perfeição; é o plano divino já consumado. É o Verbo que serve de paradigma para a conjugação de todos os verbos.

O homem é obra em via de acabamento: caminha para a perfeição conforme determina aquela sábia e eloquente sentença evangélica: "Sede perfeitos como vosso Pai que está nos Céus é perfeito".

Tal é o selo que o Eterno imprimiu em suas obras.

Não se compreende a Criação sem um objetivo. Sede perfeitos é a lei inexorável da evolução, a que o Universo em peso está submetido. Da sua poderosa influência nada escapará: é o programa divino que se cumpre.

As três afirmativas do Cristo

> *"Eu sou o Caminho, a Verdade e a Vida, ninguém vai ao Pai senão por mim."*
>
> (João, 14:6.)

Sou o *Caminho*, porque já fiz o percurso que ainda não fizestes; posso, portanto, ser, como de fato sou, vosso guia, vosso roteiro, vosso cicerone. Ninguém vos poderá conduzir e orientar senão Eu mesmo, porque nenhum outro, de todos que baixaram à Terra, jamais fez o trajeto que conduz ao Pai. Por isso vos digo: ninguém realiza os eternos destinos, senão acompanhando-me, seguindo as minhas pegadas.

Sou a *Verdade*, porque não falo de mim mesmo, não fantasio como fazem os homens que buscam seus próprios interesses e sua própria glória; só falo o que ouvi e aprendi do Pai, agindo como seu oráculo, como seu mesmo Verbo encarnado.

Sou a *Vida*, porque sou ressurgido, dominei a matéria, sou imortal, tenho vida em mim mesmo. Não sou como os homens cuja existência efêmera e instável depende, em absoluto, de circunstâncias externas.

O sangue do Cristo

> "Eu sou o pão da vida, sou o pão vivo que desci do céu; se alguém comer deste pão, viverá eternamente; e o pão que eu darei pela vida do mundo é a minha carne. Em verdade, em verdade, vos digo: Se não comerdes a carne do Filho do homem e não beberdes o seu sangue não tereis vida em vós. Quem come a minha carne e bebe o meu sangue tem a vida eterna; e eu o ressuscitarei no último dia. Quem come a minha carne e bebe o meu sangue permanece em mim e eu nele. Assim como Eu vivo pelo Pai que me enviou, da mesma sorte aquele que de mim se alimenta viverá de mim."
>
> (João, 6:48, 53, 54, 56 e 57.)

Jesus é o pão que desceu do Céu para alimentar o espírito do homem. O pão do Céu é para o espírito o que o pão da Terra é para o corpo. Alma e corpo dependem de pão para manter a vida.

Para que, porém, o pão alimente e conserve a vida é preciso que se transforme em sangue. O milagre dessa transubstanciação opera-se à revelia da vontade humana: é obra maravilhosa da natureza.

A doutrina de Jesus é o pão do espírito. Conhecê-la, no entanto, apenas em sua letra, em sua forma, em sua estrutura, representa para o espírito precisamente aquilo que para o corpo representa a ingestão de alimento. O principal ainda está por fazer: digestão, transmutação, assimilação.

Assim como o pão, mercê do aparelho digestivo, se transforma em sangue, elemento este que é a base da vida animal, assim também é mister que a doutrina de Jesus, penetrando o nosso espírito, se transmude em verdade, em luz, elementos estes que, a seu turno, representam a base da vida psíquica, como o sangue o é da vida corpórea.

Precisamos, pois, em boa metáfora, comer a carne e beber o sangue de Jesus Cristo, isto é, realizar em nós o mistério da transubstanciação para que tenhamos vida nele como Ele tem vida no Pai que o enviou. Esse prodígio opera-se também no recesso de nosso "eu": é obra divina, é manifestação do poder de Deus. Daí o dizer do Mestre: Ninguém vem a mim se não for trazido pelo Pai.

A doutrina de Jesus é pão que se transforma em sangue — isto falando em linguagem carnal. A doutrina de Jesus é revelação do Céu que se transforma em conhecimento adquirido, em saber, em luz — isto usando linguagem espiritual.

O sangue é vida, a verdade é vida também: aquela, do corpo, portanto temporária; esta, do espírito, por conseguinte eterna.

O sangue é a imagem da vida: está em atividade contínua. Circulando por todo o corpo, vai entretendo a vida dos ossos, dos músculos, dos nervos, dos tecidos todos. Os mesmos órgãos denominados vitais estão sob sua dependência. O sangue faz ainda mais: arrasta no seu movimento circulatório os elementos mórbidos, os resíduos desassimilados para os órgãos incumbidos de os eliminar. Nutre e purifica.

Tais maravilhas executa em nosso espírito o sangue do Cristo, a suma essência de sua inigualável moral: consolida o caráter, ilumina a mente, purifica os sentimentos escoimando-os de todas as impurezas.

Repetimos: cumpre comer a carne e beber o sangue do Imaculado Cordeiro de Deus. Esse sangue, que é a vida do Cristianismo, não está na letra: ele corre vívido e palpitante por entre a imensa falange dos seres angélicos denominada *Espírito Santo*.

Em tal consiste a verdadeira Igreja Cristã. Seus membros, esparsos no Céu e na Terra, nutrem-se desse sangue que através deles circula incessantemente; e assim o cristão vive do Cristo, como o Cristo vive do Pai, fonte eterna da vida.

Marta e Maria

> "Quando iam de caminho, entrou Jesus em uma aldeia; e uma mulher chamada Marta hospedou-o. Esta tinha uma irmã, Maria, a qual, sentada aos pés do Mestre, ouvia o seu ensino. Marta, porém, muito preocupada com várias ocupações, aproximando-se disse: 'Senhor, não se te dá que minha irmã me deixe só a trabalhar? manda-lhe, pois, que me ajude'. Retrucou o Senhor: 'Marta, Marta, estás ansiosa e te ocupas com muitas coisas; entretanto, poucas são necessárias, ou antes, uma só; Maria escolheu a boa parte, que não lhe será tirada."
>
> (LUCAS, 10:18 a 42.)

As palavras do Senhor não encerram propriamente censura ao proceder de Marta. Ele manifestou-se a respeito do caráter das duas irmãs; e isso mesmo provocado pela própria Marta.

Ambas eram boas e tementes a Deus; entretanto, havia entre uma e outra um cunho particular que as distinguia; e o Mestre, mui judiciosamente, soube apreciá-lo. Marta era sensata, laboriosa, ponderada; agia sempre com método e cálculo, de maneira que, em todos os seus atos, podia-se descobrir o predomínio de uma razão amadurecida. Maria possuía um espírito apaixonado, descuidada talvez das coisas práticas, entusiasta pela espiritualidade: era uma idealista que se deixava levar pelo coração.

Marta era um exemplar de mulher impecável, aos olhos do mundo; enquanto Maria, sua irmã, não faria jus à mesma apreciação, em virtude do acentuado cunho de idealismo que a dominava.

Ainda neste particular, como em outros muitos, o juízo do Mestre contrasta com o dos homens. Assim é que o vemos dizer abertamente: "Maria escolheu a boa parte, que lhe não será tirada".

Para o mundo, a boa parte é o utilitarismo, enquanto para Jesus é o idealismo. Marta atendia às coisas da Terra, embora não descurasse as do Céu; Maria identificava-se com estas a ponto de olvidar aquelas. Marta era um perfeito tipo de mulher. Sua irmã ia além; transpunha, ainda que inconscientemente, os limites que separam o humano do divino, o terreno do celestial.

Na balança da justiça da Terra, Marta pesa mais que Maria; na da justiça do Céu, Maria pesa mais que Marta.

O mundo vê no idealismo um desequilíbrio, no idealista um semidoido. Não obstante, Jesus manifesta-se positivamente por Maria, dizendo que ela escolhera a boa parte.

Os homens do século vivem aflitos e afadigados com mil preocupações, que os enervam, quando, em verdade, como assevera o Mestre, poucas coisas são necessárias. As inúmeras necessidades que fazem o flagelo da maioria dos homens são fictícias, puros caprichos criados pelas paixões desenfreadas, pelos vícios e taras mórbidas, que se adquirem por imitação e se alimentam por egoísmo.

A necessidade real é, rigorosamente, uma só: evolver, caminhar na senda da perfeição, que é o senso da vida.

"Buscai em primeiro lugar o Reino de Deus e a sua justiça, e tudo o mais vos será dado por acréscimo." Assim ensinou o maior idealista que passou pela Terra.

Em tal importa a boa parte. Felizes os que a escolheram, pois não lhes será tirada, isto é, poderão transportá-la além do túmulo. É um sonho? É uma ilusão? Que importa? Há sonhos que se transformam em realidades, e há realidades que se transformam em sonhos. Os bens e os prazeres mundanos são realidades do momento, que se tornarão em pesadelos no futuro. A revelação do Céu, essa água viva que Maria sorvia embevecida aos pés do Senhor, será quimera e loucura para as gentes, mas que se há de tornar em realidade no próximo porvir que nos espera.

A Paixão do Cristo

Não foi a cruz, nem foram os cravos, nem os espinhos, nem as chuçadas, nem os bofetões, nem os apodos vis, nem os ditos acerbos, nem as humilhações, nem o ridículo que magoaram e compungiram o Filho de Deus, quando na Terra: foi amar sem ser amado; querer o bem sem ser compreendido; pregar a verdade sem ser acreditado, pugnar pela justiça sem ser atingido, e exemplificar sem ser imitado.

A Paixão de Jesus Cristo não se consumou no madeiro fincado no Calvário: ela se vem consumando através do tempo, à face do mundo.

Os seus algozes não foram os esbirros romanos, que o conduziram ao suplício; não foram tampouco os filhos da populaça ignara, que ululavam às portas do palácio de Pilatos, exigindo sua condenação.

Os algozes de Jesus foram, no passado, e são no presente, os falsos profetas, que, anunciando o Reino dos Céus, trataram e tratam de conquistar o reino do mundo.

Os algozes de Jesus foram, no passado, e são no presente, as autoridades venais, tiranas e desonestas que abusaram e abusam do poder, escorchando o povo, de quem se disseram, e se dizem defensores.

Os algozes de Jesus foram, no passado, e são no presente, os hipócritas e charlatães que desvirtuaram e desvirtuam as coisas boas e santas em proveito dos seus ignóbeis interesses, mistificando em nome do Senhor.

Os algozes de Jesus Cristo foram, no passado, e são no presente, os egoístas, os orgulhosos, os bajuladores, os sensualistas, os adúlteros, os jogadores, os intemperantes, os embusteiros.

Todo esse séquito continua, hoje como ontem, a crucificar aquele que é o símbolo do amor, da justiça, da verdade, e cuja doutrina é o código da moral mais pura e elevada que imaginar se possa.

Nem frio nem quente

É do insigne educador Hilário Ribeiro esta sentença profundamente sugestiva: "Não basta ter coração, é preciso ter bom coração". Tal pensamento sugere este outro não menos filosófico, ainda que menos poético: "Não basta deixar o mal, é preciso fazer o bem".

Há indivíduos cuja vida, não oferecendo margem para qualquer censura, não deixa também transparecer o mínimo vestígio de abnegação, de coragem ou de altruísmo.

Tudo, nesses homens, obedece a um cálculo prévio e seguro. Seus atos são medidos a compasso. Suas palavras, destituídas do mais ligeiro arroubo ou arrebatamento, são serenas como o arrulhar das rolas. Seus gestos são isócronos como o movimento de um pêndulo. Agem em tudo e por tudo consoante um programa preestabelecido, e de acordo com certo interesse vital escondido em seu foro íntimo.

Outros há, que são o reverso da medalha, isto é, em cuja vida se notam várias lacunas, em cujos procedimentos há falhas sensíveis, mas, em quem, ao lado desses senões, se descobrem rasgos sublimes de generosidade, traços indeléveis de coragem, atitudes de heroísmo que deslumbram, exemplos de bondade que edificam.

Os primeiros são incapazes do mal como são incapazes do bem. Os segundos são capazes, tanto do mal como do bem. No entanto, podemos dizer, sem receio de errar, que estes últimos estão mais perto de Deus e de sua justiça que os primeiros.

A mensagem dirigida à Igreja de Laodiceia pelo anjo revelador do *Apocalipse* (3:16), reza o seguinte: "Sei as tuas obras; já vi que não és frio nem quente. Oxalá fosses frio ou quente; mas és morno, e, por isso, quero vomitar-te de minha boca".

Há homens que pertencem à Igreja de Laodiceia; não são *frios* nem *quentes*, são *mornos*, a despeito deste terrível dizer da mensagem: "Oxalá! fosses frio ou quente".

De fato, é mais fácil o homem evolver, sendo mau com mesclas de bondade, que sendo apático, impassível tanto no mal como no bem.

O caráter morno ou medíocre dificilmente se modifica. É cristalizado. Traz as cordas do sentimento frouxas como aqueles dois clérigos que aparecem na Parábola do Bom Samaritano, passando de largo pelo viajor espoliado e ferido que jazia à beira da estrada.

O caráter ardente e apaixonado é capaz de transformações completas e grandes surtos de progresso. É o que se verifica com o converso de Damasco. Quando Saulo era fanático, e, como tal, capaz das maiores iniquidades. Convertido, como Paulo, revelou-se um herói na defesa da Verdade, um mártir na propaganda da nova fé que abraçara.

Maria de Magdala é outro exemplo que vem corroborar nossa asserção. Era mulher de costumes dissolutos, tida e havida como tal; porém, à semelhança de Paulo, possuía um coração ardente, cujas fibras, quando tangidas por quem lhes conhecesse o segredo, vibravam intensamente. Daí a sua transformação súbita e radical, chegando a merecer as francas simpatias do Salvador do mundo. E o ladrão na cruz? Por que se deu aquela inopinada mudança? Porque se tratava também de uma alma viva, de um caráter vibrátil, de um coração sensível, capaz de se inflamar ao primeiro sopro do Céu.

O Belo

Destes é que nasce o gênio, tanto nas Artes, como na Ciência, como na virtude. O Cristianismo é a fé capaz de os produzir.

No plano objetivo, o Belo revela-se na forma, nas linhas impecáveis, na harmonia do conjunto, na eloquência do verbo, na melodia dos sons: é a Arte. No subjetivo, o Belo também se ostenta. Neste plano, porém, é isento de formas, de linhas, de harmonias e de melodias. Não afeta os sentidos. Em compensação, tem irradiações que extasiam a mente, tem encantos que arrebatam o coração: é a Justiça.

A Justiça, pois, é a expressão do Belo sob prisma puramente espiritual.

O Belo, como que se compõe de corpo e alma. Aquele se ostenta na Arte, esta se verifica na Justiça. A Arte é o Belo através da matéria. A Justiça é o Belo através do espírito. A Arte está no mais alto plano da Humanidade: a Justiça

A justiça humana e a Justiça Divina

mostra-se onde começa o divino. A Arte é o Belo na Terra. A Justiça é o Belo no Céu. "Bem-aventurados", disse o Senhor, "os que têm fome e sede de Justiça."

O Dr. Franklin Piza, digno e correto diretor da penitenciária ultimamente construída na capital do estado, proferiu, no dia da sua inauguração, o seguinte discurso:

"Coube-me a mim, o mais modesto dos servidores do estado, a insigne honra de ser o primeiro diretor da Penitenciária de S. Paulo. Há três anos estudo os vários regimes penitenciários, procurando, no emaranhado das múltiplas opiniões, a corrente mais consentânea com os nossos hábitos, com o nosso clima, com o nosso temperamento, tendo sempre em vista a melhoria moral do delinquente, a sua reeducação e consequente readaptação ao meio social.

"Porque, meus senhores, já não há mais quem, de espírito livre e desapaixonado, veja, na pena, o fito do castigo.

"Nos tempos atuais, e desde fins do século passado, as teorias sobre o direito de punir têm-se sucedido umas às outras, mas com tendências todas para as doutrinas de Cesare Beccaria, cheias de ensinamentos humanitários.

"Nenhum rigor, na frase de Ad. Franck, deverá considerar-se eterno ou imutável. Já vimos desaparecer o estigma, a morte civil, a degradação e o suplício brutal das galés; havemos de ver ainda suprimida a própria pena de prisão, se a instrução se difundir, se os costumes se apurarem, quando os sentimentos de honra se tornarem vulgares. As penas atuais serão, então, substituídas, ou pelo sofrimento moral, ou, quando muito, pela perda dos direitos políticos.

"Constituindo no momento uma risonha expectativa, esse sonho é, entretanto, a suprema aspiração dos espiritualistas da Ciência Penal, dos que creem quase dogmaticamente na corrigibilidade dos delinquentes e no poder prestigioso da disciplina, da instrução educativa e do trabalho para o aperfeiçoamento moral da espécie humana.

"O fim da pena é a educação da vontade do delinquente, pois que no interior do homem, na sua vontade, reside, exclusivamente, tanto o fundamento da pena, como o da recompensa, e daí a condenação dos meios contraproducentes para a reforma dos delinquentes, como sejam as humilhações, as afrontas, os tormentos, as penas corporais, as penas perpétuas e as execuções públicas.

"A modificação da índole dos delinquentes, por processos educativos, é o fundamento da escola penal, correcionalista, cujo chefe é o filósofo germânico Roeder.

"Minha não pequena experiência e alguma leitura sobre este assunto me têm convencido, entretanto, de que, salvo os casos de estigmas congênitos, que denunciam, no delinquente, uma herança psicofisiológica, refratária a toda reversão benéfica, a maior parte dos infelizes habitantes das prisões é suscetível de emenda, e de ser, assim, devolvida à sociedade em boas condições morais.

"Basta, para esse fim, que se apliquem os remédios aconselhados pela experiência e pela observação; e essa terapêutica resume-se nos seguintes princípios:

I

"Se a pena tem por objetivo a defesa social, e não é mais considerada como castigo, o que se deve ter em mira não é o crime, e sim o criminoso.

"A razão suprema de ser das prisões está, pois, na reforma do delinquente, e não na imposição do sofrimento, da dor física ou moral. A esperança é um agente mais poderoso que o temor; e, pois, ela deve ser mantida, continuamente, diante do condenado. Por um sistema bem combinado de notas, pela disciplina, pela aplicação aos estudos e dedicação ao trabalho, coloca-se a sorte do recluso em suas próprias mãos, estimulando-o de forma a que ele procure alcançar, progressivamente, a melhoria de sua situação, e, mais tarde, sua libertação definitiva.

"Assim, mantém-se a disciplina, mais pelas recompensas que pelos castigos.

II

"O pessoal de um instituto de tal natureza necessita possuir altas qualidades morais e especial educação.

"Para que se consiga a melhoria moral do sentenciado é necessário que os funcionários da casa procurem, com fé viva, esse objetivo, pois não pode haver ardor em uma empresa de cujo êxito se desespera.

III

"A disciplina, para ser reformadora, deve ser mantida por meios brandos, suasórios e convenientes, até que se obtenha a obediência como hábito consciente. A dignidade do sentenciado deve ser respeitada e cultivada incessantemente. A degradação destrói as aspirações elevadas e os impulsos generosos, abate o débil, e irrita o forte, indispondo, ambos, para a submissão e para a reforma. Ao invés de corrigir e melhorar, a humilhação aniquila o ânimo do recluso, tendo tanto de anticristã, em princípio, quanto de estéril em suas consequências. A administração precisa manter-se, mais pela força moral, que pela força física; e, assim, conseguirá obter homens dignos, íntegros e laboriosos, em vez de réprobos obedientes e submissos, mas fingidos e hipócritas. A força bruta poderá produzir bons presos, a força moral produzirá bons cidadãos.

IV

"A instrução e a educação são forças vitais na reforma dos delinquentes, pois avivam a inteligência, inspiram a noção de dignidade pessoal, estimulam a elevação de vistas, desenvolvem o espírito de observação, de decisão, de disciplina e de solidariedade.

V

"O trabalho não é tão somente um agente lucrativo, uma fonte de proveitos materiais. O trabalho é o mais poderoso auxiliar da moral. Um sistema reformado não pode deixar de se basear no trabalho sadio, contínuo, ativo, honroso. Já Howard dizia: 'Tornai os homens diligentes, e eles se farão virtuosos'."

***

Dos conceitos sobre penalidade acima expostos pelo Dr. Franklin Piza, conceitos esses que são a síntese da opinião geral de todos os criminalistas modernos, depreende-se clara e insofismavelmente que a justiça humana se torna muito superior à Justiça Divina, uma vez que se admita, como pretendem certas igrejas, o dogma das penas eternas.

Sim, enquanto a justiça humana tem por objetivo corrigir e reabilitar o delinquente, aplicando, para isso, penas brandas e transitórias, inteligente e caridosamente organizadas; a Justiça Divina, segundo a ortodoxia, aplica torturas infindas, sujeitando os pecadores a um martirológio cruel e bárbaro, com o fito único e inominável de punir e vingar atrozmente os pecados cometidos durante uma existência, que, em relação à eternidade, é menos que um segundo na ordem geral do tempo.

Enquanto a justiça humana busca acoroçoar e promover a regeneração do culpado, esforçando-se por lhe despertar os bons sentimentos que naturalmente jazem adormecidos — porque o homem foi criado à imagem e semelhança de Deus —, a Justiça Divina limita-se a tiranizar eternamente o pecador, submetendo-o a angústias e sofrimentos, que se sucedem num desencadear sem fim, *per omnia secula seculorum*.

Enquanto a justiça humana concebe e admite a comutação, o indulto e o perdão para os culpados que se tornem humildes e submissos à disciplina, a Justiça Divina não admite nenhuma modalidade de misericórdia, conservando-se fria, impassível, impiedosa!

---

*Excesso de Direito, excesso de injustiça.

A música e o coração

Fica, pois, bem patente, para os que tiverem *olhos de ver*, que a Justiça de Deus não pode ser aquela pregada pela escolástica, visto como esta justiça é até inferior à justiça da Terra; e Jesus disse: "Se a vossa justiça não for superior à dos escribas e fariseus, não entrareis no Reino de Deus".

*Summum jus, summa injuria.**

A música e o coração têm mistérios que entre si se relacionam. É por isso que a uns agrada mais esta ou aquela melodia.

Tal sinfonia faz vibrar os sentimentos de determinada pessoa, enquanto a outras pouco agrada, ou mesmo enfastia. Cada indivíduo, segundo as condições especialíssimas do seu estado psíquico, fica mais ou menos em consonância com a determinada harmonia de uma música.

Há afinações, pois, na harmonia dos sentimentos que correspondem às afinações na harmonia dos sons.

A música e o coração são confidentes que muito bem se entendem. Pela predileção das melodias entre as pessoas,

A túnica inconsútil

podem-se descobrir perfeitamente as que se acham irmanadas pelos sentimentos.

As cordas da lira e do coração afinam-se num diapasão comum.

Há mistérios — repetimos — entre a harmonia que regula o equilíbrio das notas e aquela que preside ao equilíbrio do nosso "eu".

A túnica usada por Jesus era inconsútil: não tinha costuras.

Queremos ver nessa particularidade da veste do Senhor um símbolo sugestivo que se aplica à sua Doutrina.

O Cristianismo é um corpo doutrinário sem remendos, sem peças justapostas. É um todo harmônico, inteiriço, perfeito. A moral do Crucificado não tem aspectos divergentes, não tem ambiguidade, não tem contradições. É uma moral pura, sã, completa, imaculada. O Verbo de Deus encarnado não emitiu sons discordantes, não enunciou frases dúbias, não articulou palavras ocas, não produziu ecos confusos. Foi claro, conciso, congruente, positivo e firme.

Donde vêm, então, as intermináveis cisões entre os credos que militam sob a rubrica do Cristianismo? Donde vem essa confusão que lavra no seio dessas igrejas que se dizem cristãs, adotando doutrinas e princípios heterogêneos?

Donde vem essa rivalidade entre aqueles que deveriam ser exemplos de cordura, de harmonia e de paz?

A rivalidade, a confusão, o cisma vem da ignorância, do orgulho e do preconceito dessas igrejas que, do Cristianismo, tomaram somente o título. Tem origem na ambição, no egoísmo insondável do homem, que tudo procura amoldar às exigências insaciáveis de seus mesquinhos interesses. Funda-se, finalmente, no fato de essas religiões não haverem ainda descoberto que a túnica do Mestre era inconsútil, não tinha costuras, não era composta de pedaços, mas representava um todo completo, rematado, perfeito. Tais predicados caracterizam o Cristianismo de Jesus.

Enquanto as igrejas se digladiarem, estarão, com isso, demonstrando cabalmente não haverem atingido o ideal sublime da religião do amor.

A túnica do príncipe das trevas é composta de retalhos, de fragmentos, de tiras justapostas. É a figura da confusão, da desarmonia, das rivalidades infindáveis, das separações, das hostilidades.

Higiene da alma

A túnica do príncipe da paz é inconsútil, não tem costuras para forçar adesão de retalhos, de partes entre si destacadas. É a imagem da harmonia, o símbolo da verdade, a alegoria da união integral e perfeita, o emblema da confraternização irmanando os homens numa só e única família.

> *"Quando o espírito imundo sai do homem, anda por lugares áridos procurando repouso; e, não o achando, diz: Voltarei para minha casa, donde saí; e, ao chegar, acha-a varrida e adornada. Em seguida vai, e leva consigo mais sete espíritos piores do que ele, e aí entram e habitam. Este estado do tal homem fica sendo pior do que o primeiro."*
>
> (MATEUS, 12:43 a 45.)

Assim como há imundície do corpo, há também imundície do espírito. O corpo, quando não é higienicamente cuidado, transforma-se em foco de sujidade e de miasmas, que chegam a empestar a atmosfera que o envolve. Do mesmo modo, o espírito, quando abandonado ao arrastamento dos vícios, das paixões torpes, das influências e sugestões baixas de ambientes malsãos, torna-se imundo. Há higiene da alma como há higiene do corpo: descurá-las é resvalar no esterquilínio, que, em realidade, existe tanto no que diz respeito ao espiritual como no que respeita ao material.

Os espíritos contaminados de impurezas não têm paz nem tranquilidade de consciência. Procuram-na, em vão, pelas escusas vielas dos planos inferiores onde perambulam. Seu prazer consiste em sugerir aos homens pensamentos inquinados de maldade.

Os *imundos* permanecem, segundo a lei de afinidade, com aqueles que, eivados do mesmo mal, lhes dão acesso e guarida. Afastam-se dos que com energia repelem seus miasmas, pela lei de afinidade, cuja ação, tanto lhes pode ser favorável num caso, como inteiramente desfavorável em outro.

Concluímos, pois, deste fato, que a lei de afinidade é uma força, não sendo, portanto, nem moral nem imoral. Ela age atraindo, combinando e ligando entre si os elementos da mesma espécie. Seu programa é sempre ligar, porém, imutável em sua ação, jamais consorcia elementos heterogêneos.

O processo prático, por conseguinte, de nos pormos ao abrigo dos *imundos* é alimentar ideais opostos aos seus. Quanto mais positiva e formal for essa dissemelhança, menos probabilidade eles terão de nos atingir, e, tal seja o grau de firmeza com que nos sustentemos no pólo oposto, seremos inatingíveis.

Não basta, pois, que não aninhemos o mal em nossos corações: é preciso cultivar o bem. Um coração vazio de ideal, ao lado de uma mente destituída de aspirações nobres e elevadas, é porta aberta às influências perigosas. Fomos criados para o trabalho. Nossas mentes como nossos corações devem estar sempre ocupados com o que é

Horrores da guerra

puro e bom, de modo que não haja lugar para o que é impuro e mau.

Casa varrida, adornada e desabitada constitui perigo iminente. Os *indesejáveis* invadem-na sem nenhum escrúpulo, e dela se apossam.

O pungente e doloroso caso, que abaixo transcrevemos, foi laconicamente noticiado pelos jornais de São Paulo, desacompanhado de comentários, para não arrefecer talvez esse belicoso fogo-fátuo que andam por aí acendendo as autoridades militares, civis e eclesiásticas:

Cena de sangue. — Sexagenário assassino por causa de uma criança.

"Há catorze anos, o italiano Aurélio Dendi, de vinte anos, apaixonou-se pela rapariga Olga Bracher, de origem holandesa, e com ela contraiu matrimônio. Deste consórcio nasceu uma menina, Derna, que atualmente conta quase três anos. Quando rebentou a guerra, Aurélio seguiu para a Europa, a fim de servir no exército italiano, deixando a mulher e a filhinha junto de seu pai, Ângelo Dendi, de sessenta anos, residente à Avenida Tamanduateí, nº 17. Morrendo gloriosamente no campo de ação o marido de Olga, esta se entregou a uma vida desregrada, abandonando o sogro e a filhinha. Em seguida, Olga casa-se com Mário Gali, artista de maus precedentes, com o qual já antes convivera. Após o casamento, Olga exigiu que o velho entregasse a filha. O velho, com profunda mágoa, entregou-lha; mas, sabendo que o casal ia retirar-se para Curitiba, levando sua neta, Ângelo Dendi foi, às 8 horas, procurar a nora, e pedir que deixasse em sua companhia a pequena Derna.

Olga recusou-se, e o velho exasperado sacou dum revólver, desfechando contra ela três tiros, que lhe produziram a morte.

Ângelo foi preso, iniciando-se o respectivo inquérito."

Esta notícia traz como subtítulo: "Sexagenário assassino por causa de uma criança"; o que, a nosso ver, não exprime a verdade. Esse pobre velho tornou-se criminoso *por causa da guerra.*

Guerra que lhe arrebatou o filho no verdor dos anos; guerra que dissolveu uma família, até então feliz, em cujo seio o sexagenário encontrava o conforto e o carinho que a velhice reclama; guerra que atirou à prostituição uma desventurada mulher que, ao lado de seu marido, não se teria certamente desviado da senda do dever; guerra que estendeu sobre a cabeça inocente de uma criança de três anos o negro véu da orfandade; guerra, finalmente, que fez assassino um ancião bondoso, tingindo-lhe de sangue as cãs respeitáveis, depois de lhe haver roubado filho, nora, neta, sossego e lar!

Eis aí uma pequena amostra do que é a guerra. Imagine-se por este triste episódio que se deu aqui em nosso meio, longe, muito longe do teatro das hostilidades, dos horrores indescritíveis que por lá sucedem.

Venha, depois, o articulista dizer que Aurélio Dendi morreu gloriosamente no campo de batalha. Que espécie de glória foi a dele, e por que preço a comprou?

Glória que lhe custou a morte física e moral de sua esposa, a liberdade de seu pai valetudinário, e o abandono de sua filha aos azares da sorte, em tenra idade, em tudo ainda dependendo dos bafejos e cuidados paternos.

Sublime altruísmo, dirão os medalhões dourados. Retrucaremos nós: altruísmo que por egoísmo (pois outra coisa não é a falsa ideia da pátria) sacrifica pai, mulher e filha, não é virtude, é, antes, um crime.

Guerra só às paixões humanas, porque elas são a causa da guerra.

Com quem convivemos?

"Eu nunca estou só; o Pai está sempre comigo, porque faço tão somente o que é do seu agrado."

(João, 16:32.)

Como Jesus, de cuja autoria são os dizeres acima, o homem também nunca está só. Ele é, por natureza, um ser rigorosamente sociável.

Recluso na cela dos conventos, foragido no deserto, balouçando sobre as águas longínquas do mar, entranhado no seio de terra, constrangido no âmbito mesquinho do calabouço — o homem jamais se encontra só, o homem jamais deixa de viver em companhia de alguém.

Os profetas antigos, quando buscavam os desertos, fugindo ao bulício mundano, não o faziam com intuito de se insularem; procuravam estabelecer, de uma forma mais positiva e permanente, a comunhão com o Céu, a fim de se prepararem para o desempenho das respectivas missões de que se achavam revestidos.

Os planos — físico e psíquico — estão entrelaçados. Os imortais convivem com os mortais em franca camaradagem.

O pensamento é a linguagem por excelência, porque é o idioma universal. É pelo pensamento que os seres inteligentes, racionais e conscientes — na rigorosa acepção desses vocábulos

— se ligam e se grupam. O fato de se encontrarem, uns encarnados, outros desencarnados, não constitui impedimento.

Pelos pensamentos, os seres se atraem, firmando comunhão.

O pensamento, além de ser linguagem por excelência, é também a força suprema do Espírito. Sem ele, nada se faz: ele a tudo precede. Aquilo que se sente, se vê e se toca é obra do pensamento.

Antes de existir tal qual o vemos, existiu em imagem forjada na retorta do pensamento. De lá é que sai tudo que é, e tudo que virá ser.

As escrituras, quando dizem que Deus tirou o mundo do "nada", querem dizer que o Onipotente o tirou do seu pensamento infinito. "Faça-se a luz, e a luz foi feita." O Universo é fruto do pensamento de Deus. Sobre o divino pensar repousam seus fundamentos. Jesus é o Verbo de Deus que se fez carne. Verbo é a enunciação do pensamento; Jesus é a efígie, é a encarnação do pensamento divino.

A vida manifesta-se pelo pensamento.

"Penso, logo existo" — disse com justeza o filósofo.

O espírito nunca deixa de pensar, achando-se por isso envolvido em ondas de pensamentos, que elabora e que assimila de outros, segundo a lei de afinidade que rege este fenômeno.

O Evangelho relata, numa dezena de passagens, que o Mestre *via e distinguia* os pensamentos dos homens.

Vivemos imersos num oceano de pensamentos. Sobrenadam à tona desse oceano pensamentos de toda a espécie, emitidos por habitantes da Terra e do Espaço.

O homem, conforme seu estado moral e intelectual, assimila esta ou aquela categoria de pensamentos e sugestões que de toda a parte lhe chegam. Consoante as vai recebendo, assim se vai estabelecendo sua comunhão com os demais seres pensantes.

Eis por que ele nunca está só.

Nosso corpo exala e irradia constantemente, quando sadio e forte, emanações puras e sãs; quando enfermo e combalido, emanações mórbidas e pestilentas.

Nossa alma, a seu turno, irradia incessantemente, quando sã, pensamentos elevados e puros; quando enferma, pensamentos que são verdadeiros eflúvios deletérios.

A auréola que circunda a fronte dos eleitos do Senhor é luz projetada pelos seus pensamentos de amor.

Jesus considerava o adultério pelo pensamento como um delito consumado.

Tais sejam, pois, nossos pensamentos, tais seremos nós e tais serão aqueles com quem convivemos. Nunca estamos sós. Jesus estava sempre com o Pai e seus mensageiros. Nós outros, com quem temos convivido e com quem ora convivemos, uma vez que nunca podemos estar sós?

Res, non verba*

> *"Desde já vo-lo digo antes que suceda, para que, quando suceder, vós creais quem eu sou."*
>
> (JOÃO, 13:19.)
>
> *"Olhai para as minhas mãos e os meus pés, pois sou Eu mesmo: uma visão não tem carne e osso como vedes que Eu tenho; apalpai-me e vede."*
>
> (LUCAS, 24:39.)

Quem não entende não crê, embora aceite como verdade este ou aquele princípio, esta ou aquela doutrina. A fé é filha da convicção. Não há convicção onde não há conhecimento de causa, onde não há documentações comprobativas que satisfaçam a razão.

Jesus, como Senhor e Mestre, estava perfeitamente inteirado desse fato. Tanto assim que jamais se furtara a dar provas das teorias que pregava, como também do caráter messiânico de que se achava investido.

E neste particular, o Redentor diverge em absoluto dos fundadores de seitas e credos, dos fazedores de religiões, dos chefes de escolas e de filosofias, que por este orbe pululam como cogumelos. Estes, em geral,

---

*Fatos, não palavras.

mostram-se pouco satisfeitos quando se lhes pedem provas, quando se lhes apresentam dúvidas ou se apontam falhas em suas doutrinas.

O orgulho torna os homens tanto mais suscetíveis e melindrosos quanto mais eles sobressaem dentre seus pares. Para os papas de todas as igrejas e escolas exclusivistas, os bons crentes e bons discípulos são os que tudo apoiam sem reservas, com entusiasmo, com ardor, com fanatismo.

No entanto, o Filho de Deus, aquele que ninguém logrou convencer de pecado, foi bastante humilde para apresentar, em todas as oportunidades, copiosa soma de documentos, de provas autênticas, positivas e insofismáveis, com relação à doutrina e às verdades que ao mundo vinha revelando no desempenho da missão que o Céu lhe confiara, missão essa confirmada pelas vozes do Além, de modo solene e peremptório.

Jesus não se preocupava de fazer prosélitos a todo o preço. O número, a quantidade pouco se lhe dava. Ele queria que *vissem e sentissem* a Verdade tal como Ele a via e sentia. Por isso, falava à razão, apresentando o testemunho eloquente dos fatos em abono de suas asserções; falava ao coração exemplificando a palavra em atos de renúncia e da mais pura caridade.

Deus e a imortalidade constituíam os temas e assuntos fundamentais de seus sermões, de suas parábolas, de suas máximas. Tudo disse a respeito do Pai, e daquela Vida Eterna que deve ser conquistada pela submissão consciente à soberana lei da evolução. Disse e demonstrou. Ao lado da teoria colocou a prova; à palavra fez seguir a ação. Concretizou a Divindade em si mesma, refletindo, como Filho, as qualidades, os atributos e os poderes do Pai. Deu testemunho da imortalidade, morrendo, ressurgindo e apresentando-se tal como era dantes, aos olhos e ao tato de seus discípulos maravilhados.

Não andemos, portanto, atrás de todo o vento de doutrinas. Acautelemo-nos dos falsos cristos impingidos por vãs filosofias, porque, como sensatamente adverte o apóstolo das gentes — "ninguém pode pôr outro fundamento, além do que já está posto pelo Céu, a saber: Jesus Cristo".

Res, non verba.

Atitudes definidas

> "*Quem não é por mim, é contra mim; e quem comigo não ajunta, espalha*"...
>
> "*Seja o teu falar: sim, sim, não, não.*"
>
> (**Mateus**, 12:30; 5:37.)

Entre a justiça e a iniquidade, o bem e o mal, a verdade e a impostura, não há meio termo, não há neutralidade possível, tal é a lição que tiramos daquelas palavras do Mestre por excelência.

Infelizmente, poucos são aqueles que compreendem este ensinamento, e menor ainda é o número dos que o põem em prática.

O que se vê, na generalidade dos homens, é a atitude ambígua, indefinida e, por conseguinte, hipócrita.

Sempre que se trata de externar opinião sobre doutrinas e fatos que afetam a sociedade, o homem vacila em dizer o que pensa e o que sente a tal respeito, uma vez que ele diverge da doutrina predominante no seu meio, uma vez que tal fato se prenda a pessoa de destaque, de influência ou prestígio.

É esse o motivo por que o erro e a maldade deitam profundas raízes no ambiente em que vivemos. Ninguém os combate de viseira erguida, ninguém os alveja com certeiros e profícuos golpes. Faz-se crítica à surdina, em família, atendendo com cuidado ao rifão que diz: As paredes têm ouvidos.

Ou, então, usa-se, o que aliás é comum, condenar com os lábios e apoiar com os atos. O indivíduo profliga, condena, anatematiza, mas, no momento propício de desfechar o golpe, secundando a palavra com a ação, fraqueja, agindo em completo desacordo com as teorias que tão enfaticamente enunciara.

Semelhante modo de proceder acarreta enorme responsabilidade, cujas consequências desastrosas o homem, em sua cegueira espiritual, não mede nem avalia.

Aquele que tolera a iniquidade e a impostura sem protesto peremptório, seguido da respectiva reação, é, por isso mesmo, iníquo e impostor. O homem honesto tem obrigação de reagir contra todos os males que o afetam, a ele próprio e a seus semelhantes.

Para isso não se faz mister, como alguns erroneamente supõem, recorrer a processos violentos: basta que o homem tenha a coragem moral precisa para sustentar, em qualquer emergência, sua reprovação, sua repulsa manifesta pela palavra e principalmente pelo exemplo.

Não é no quartel nem nos pátios de ginástica, onde nos preparamos para exercer a honrosa atitude varonil: é no culto da religião verdadeira e pura; é no amanho da fé inteligente que ilumina; é, enfim, no Evangelho de Jesus Cristo onde encontraremos tudo de que necessitamos para nossa educação moral, para a conquista da liberdade, para a aprendizagem do aperfeiçoamento, disciplinas essas que conjugam o único ideal compatível com as aspirações do homem racional, no bom e rigoroso sentido desse vocábulo.

Não há que tergiversar: ou somos por Jesus, sendo pela Verdade e pela Justiça, sem medir pseudoprejuízos nem atender a bastardos interesses, ou somos contra Ele, sendo pela iniquidade e pela mentira, na satisfação de nosso egoísmo.

Ou com Jesus, colaborando na sagrada obra da edificação do caráter; ou contra Ele, na ignominiosa tarefa da dissolução dos costumes. Não há neutralidade admissível entre estes dois partidos.

Gigantes e pigmeus

Ernesto Renan, estudando o Cristianismo, fez exatamente como certos anatomistas, que, dissecando corpos, acabam por afirmar a inexistência da alma, visto não a haverem encontrado.

O grande escritor e filósofo interessou-se deveras pela obra e pela individualidade de Jesus. Transferindo-se para a Palestina, indagou, pesquisou e rebuscou minuciosamente tudo que havia a respeito do Cristo e sua doutrina. Pôs a serviço dessa empresa o melhor de seus esforços, de sua culta e vasta inteligência, de seus vários e sólidos conhecimentos, de seus recursos intelectuais e materiais.

Não obstante, fato doloroso, Renan não lobrigou o espírito do Cristianismo. Anatomizou-lhe a estrutura, talvez como ninguém, mas não conseguiu penetrar-lhe a essência. Contornou o exterior em todas as suas minudências, sem descobrir, todavia, uma pequena frincha que lhe permitisse vislumbrar os esplendores internos. Pisou a terra onde a árvore da redenção foi plantada, mas não lhe colheu o fruto; e, se o fez, deixou de saboreá-lo, porque não foi além da casca que o envolve. Escapou-lhe a alma daquela doutrina cuja sombra projetada no mundo ele soube esquadrinhar com tanto escrúpulo, zelo e dedicação.

Onde estará a causa deste fato? Que requisito faleceria àquela privilegiada inteligência, quando é certo que homens inscientes e rudes se inteiraram das verdades e da vida do Cristianismo?

A razão está nas palavras de Jesus: "Quem não se fizer pequeno como as crianças não entrará no Reino dos Céus". O requisito que Renan se esqueceu de reunir aos múltiplos que possuía é a humildade. Ele dispunha de muitos e preciosos predicados, faltando-lhe, todavia, o principal.

Com humildade se obtém o testemunho do Espírito, sem o qual ninguém adquire a certeza da imortalidade e dos destinos que nos aguardam. Não basta saber. É preciso sentir aquilo que se sabe. As verdades do Céu falam tanto ao cérebro como ao coração. Os mensageiros dessas revelações dão-nos testemunho íntimo de que elas são, de fato, verdadeiras. Daí a fé inabalável, daí a convicção irredutível que desafia todas as emergências difíceis, todas as conjunturas perigosas, todas as chamadas fraquezas da carne.

É indispensável que nosso espírito encarnado receba, consciente e inteligentemente, o influxo do Espírito para que nos inteiremos do caminho a seguir. A chama escrava, visitada pela chama livre, devassa, num relancear de olhos, os mistérios do Infinito.

Ora, foi precisamente essa parte, a alma do Cristianismo, que Renan morreu ignorando. E, como ele, muitos, mesmo dentre os contados no número dos crentes. Este fenômeno explica, a seu turno, a retratação dum Rui e dum Junqueiro, rendendo-se, nos seus últimos dias, ao jugo ultramontano cujos males tanto haviam profligado. Quer um quer outro não havia penetrado o Reino de Deus (que é o reino do Espírito), porque se não soube fazer criança. Faltou-lhes o testemunho do Espírito, por isso, na hora extrema, na conjuntura difícil, ambos fraquejaram, a despeito de serem estrelas de primeira grandeza na constelação do saber.

De outra sorte, vemos criaturas frágeis e simples darem exemplos de coragem e de valor que assombram e edificam. Vemos um Estevão, que, de rosto sorridente, ora pelos seus algozes, quando lapidado por motivo da fé que abraçara. Vemos, no sexo dito *fraco*, uma Joana d'Arc, impávida diante da fogueira que a espera, sustentando, até os derradeiros momentos, sua fé nas vozes do Céu, motivo por que fora condenada. Vemos Policarpo, o septuagenário, caindo nas garras dos pagãos, preferir o martírio a ceder às insistentes solicitações que lhe faziam para abjurar. Donde vinha, tanto ao moço como ao velho, tanto ao homem como à mulher, esse denodo, essa coragem, esse valor, senão dos testemunhos do Espírito ao qual fizeram jus?

O testemunho do Espírito parece nada; no entanto, com ele, os pigmeus se tornam gigantes; e, sem ele, os gigantes se tornam pigmeus.

Comunismo cristão

A Terra não é propriedade de ninguém: é patrimônio comum da Humanidade. Assim pensavam os primeiros cristãos, cujo *modus vivendi* em tudo se ajustava àquela ideia, conforme atesta peremptoriamente a seguinte passagem extratada do livro dos *Atos*, 2:44 a 47: "E todos os que criam estavam unidos, e tinham tudo em comum, e vendiam as suas propriedades e bens e os repartiam por todos, consoante as necessidades de cada um. E perseverando unânimes no templo, e partindo o pão em casa, comiam com alegria e singeleza de coração, louvando a Deus, e tendo a simpatia de todo o povo. E diariamente acrescentava-lhes o Senhor os que se iam salvando".

Tal é, em resumo, como Lucas descreve, no citado livro, a fundação da Igreja Cristã, no dia de Pentecostes.

O pseudodireito de posse, invocado pelos homens com relação à terra e a todos os bens temporais que dela dimanam, é uma utopia. Somos usufrutuários e não proprietários.

A Terra com suas riquezas, cujo valor deriva de sua conversibilidade em pão para a boca, representa na economia humana o mesmo papel que o ar, a água, a luz e o calor. Assim como nos utilizamos destes elementos, despidos das egoísticas preocupações de monopólio e de usurpação, assim deveríamos fazer com respeito àqueles outros. Do material, só precisamos aquilo que é reclamado pelas necessidades reais de nosso corpo. Tudo o mais que acumulamos representa uma apropriação indébita, conforme nos ensina a Parábola do Mordomo Infiel, inserta no *Evangelho de Lucas*, 16. Por ali se vê que não há riqueza legítima: todas são iníquas, tenham sido adquiridas por este ou aquele meio que se convencionou justificar.

Fascinados pela cobiça, cujas raízes se perdem na voragem de nosso egoísmo, buscamos, em vão, apossar-nos de bens que nos foram confiados para administrar durante algum tempo. Dizemos — em vão — porque assistimos todos os dias à destituição de administradores que daqui partem pesarosos, deixando invariavelmente todos os bens, com tanta avareza acumulados. Nem assim nos convencemos; temos olhos e não vemos.

Do monopólio da terra e de seus bens originam-se a fome, a miséria e a anarquia, que flagelam as nações. A Rússia nos dá disso o exemplo mais frisante. No passado, atesta-o eloquentemente o regime dos latifúndios, determinando a ruína econômica dos países em cujo seio se implantou.

O solo dividido e retalhado, entregue àqueles que o arroteiam e cultivam, assegura a abundância, a prosperidade e a paz das nações. Os monopólios, os privilégios e as odiosas barreiras alfandegárias constituem os verdadeiros fatores da carestia e das guerras. O egoísmo é contraproducente e destrutivo em suas expansões: pretendendo garantir, compromete; pretendendo ajuntar, espalha; pretendendo consolidar, dissolve.

Infelizmente, o termo — comunismo — assusta os espíritos timoratos e conservadores, porque, em geral, o tomam como sinônimo de anarquia ou coisa que se lhe assemelhe. É verdade que certos indivíduos insensatos, senão tarados, têm procurado implantar pela violência doutrinas subversivas e perigosas, às quais indevidamente denominam de comunismo, socialismo, etc. Tais doutrinas, porém, nenhuma relação têm com o comunismo cristão. Este jamais se implantará à força; ele só vingará como efeito dum grande surto de progresso intelectual e de aperfeiçoamento moral da Humanidade. Por outra via, é escusado esperá-lo. A felicidade, na Terra como no Céu, há de ser a consequência lógica e positiva duma causa: a educação de nosso espírito, determinando uma razão esclarecida, uma vontade firme e um coração puro.

A vida verdadeira

> "Em verdade, em verdade vos digo que o que ouve a minha palavra e acredita naquele que me enviou, tem a vida eterna, e não entra em juízo; pelo contrário, já passou da morte para a vida. Em verdade, em verdade vos digo que vem a hora e agora é, em que os mortos ouvirão a voz do Filho de Deus; e os que a ouvirem viverão."
>
> **(João, 5:24 e 25.)**

Viver, tudo vive, na infinita Criação. Vive o animal, vive a planta. A própria pedra vive. Os cristais refazem-se, atestando sua vitalidade. Mas nem toda a vida é a mesma. A vida do minério é inferior à do vegetal; e a vida deste está aquém da do animal. Dentro mesmo do reino animal, verifica-se uma série enorme de gradações, começando na monera, e culminando no homem, o mais complexo, elevado e perfeito dos animais.

No entanto, se o homem fecha o ciclo da evolução animal no cenário terreno, a vida prossegue seu curso em manifestações mais belas, mais imponentes: ela se ostenta em sua plenitude de força, de energia, de graça e de encanto, no espírito.

O espírito tem vida em si próprio. É a vida mesma que, após haver-se constituído em individualidade inteligente, racional e consciente, liberta da libré da carne, ressurge da animalidade, por onde perpassou ensaiando seu voo.

Uma vez ressurgido, o espírito entra na posse e gozo da vida verdadeira que de si mesmo se irradia na plenitude de sua expansão.

O homem que desconhece por completo o que seja aquela espécie de vida, que ainda não anteviu seus vislumbres, embora longínquos, é um morto na expressão eloquente do Divino Mestre. Sua palavra e sua doutrina, em síntese, representam o meio mediante o qual se conquista a vida verdadeira. Pôr em prática a moral cristã, importa em passar gradativamente da morte para a vida.

Considerado como animal, o homem é perfeito, ocupa o vértice da escala; não obstante, é o menos feliz dentre todos. Basta considerar que ele é o único animal que pensa na morte, e dela tem prévia consciência. Mas ainda não é tudo. O homem alimenta aspirações que não podem ser satisfeitas dentro da esfera puramente material, enquanto os animais têm tudo aquilo de que carecem, nos restritos limites da órbita que lhes é própria. O homem permanecerá, como animal, sempre insaciável, sempre sequioso, ao passo que os animais inferiores podem realizar plenamente todas as suas necessidades.

Isto sucede com o homem precisamente, porque nele se verifica o ponto de transição do animal para o espiritual.

As duas naturezas — inferior ou animal, e superior ou espiritual — entrechocam-se. Aquilo que o homem não logra realizar no mundo da animalidade representa as aspirações da alma, as volições do espírito que se debate no ergástulo da carne como a crisálida que emprega seus primeiros esforços para romper o casulo que lhe embarga o voo.

Amor e egoísmo

As vãs filosofias vêm se digladiando, de há longo tempo. Os credos exclusivistas terçam armas, de questiúnculas, malbaratando preciosas oportunidades em rigores de exegese, dando lugar a intermináveis disputas que separam e dividem o rebanho humano, esquecendo-se de que o magno assunto se sintetiza neste problema: combater o egoísmo e cultivar o amor. Em tal se resume toda a doutrina do Crucificado. E assim se resumindo, ela contém tudo: a lei e os profetas.

Examinando-se todas as parábolas do Evangelho, suas passagens e sentenças, chega-se à conclusão de que elas encerram lições e ensinamentos cuja essência é sempre a apologia do amor e a abominação do egoísmo.

Egoísmo e amor — eis a perdição e a salvação, o Inferno e o Céu. Egoísmo e amor são dois extremos opostos, dois pólos inconfundíveis; são dois antagonistas irreconciliáveis que lutam entre si, tendo por campo de ação o recesso íntimo de nossos corações. Da vitória de um deles dependem os nossos destinos.

"Em vos amardes uns aos outros, todos reconhecerão que sois meus discípulos", sentenciou o Mestre. (*João*, 13:35.) Mais tarde, os habitantes da Roma pagã, impressionados com a fraternidade que os primitivos cristãos mantinham entre si, vieram confirmar aquele conceito com o seguinte dizer que corria de boca em boca entre os sequazes de Nero: "Vede como eles se amam".

Os cristãos distinguiam-se dos gentios pelo culto do amor, que entre si guardavam como lei soberana, como fruto daquela fé augusta cujo lábaro, flutuando no cimo do Calvário, deixa ver através de suas dobras a magistral legenda: "Amai-vos uns aos outros".

A maior das solidões

A maior e a mais profunda das solidões é aquela que experimentamos no bulício de uma sociedade cujos sentimentos são opostos aos nossos, cujo ideal é o reverso daquele a que nossa alma aspira.

Nesse meio, nosso coração vibra no vácuo: seus acordes, não encontrando repercussão, morrem sem produzir eco.

As vibrações de nossa alma necessitam de correspondência, sem o que, a vida se abafa, se asfixia num oceano de angústias. E, quando assim sucede neste mundo, é mister que busquemos, no outro, aquilo de que nossa alma precisa. Cumpre, então, fazer vibrar com mais força as cordas de nossos sentimentos, até que logrem transpor as barreiras do Além.

Estabelece-se assim a comunhão com os seres imortais cujo convívio virá quebrar o silêncio da tétrica solidão de nossa alma. Nosso ser ressurge, então, alegre e redivivo para a aurora de uma nova vida.

*Surge et ambula!**

Em tempos idos, usava-se para iluminação o azeite recolhido em recipientes desengraçados, aos quais se dava o nome de candeeiro.

A luz que deles se irradiava era fumegante, baça e fétida. Impregnava a atmosfera de fumo e de odor nauseabundo.

Mais tarde, passou-se a empregar para aquele fim o petróleo ou *querosene*. Os lampiões, aparelhos que, com serem elegantes possuíam melhoramentos apreciáveis, como por exemplo a mecânica destinada à graduação da chama, vieram substituir os candeeiros, suplantando-os completamente.

Descobriu-se depois, no correr dos tempos, o processo de extrair do carvão de pedra o carbureto de hidrogênio, produto este admiravelmente empregado na iluminação, tanto pública como particular. O gás então desalojou o petróleo das cidades e dos meios civilizados, tal como o petróleo desalojara outrora o azeite e os candeeiros.

Mas ainda não é tudo. O mundo continuou marchando na conquista do melhor.

Aparece, finalmente, a eletricidade destronando o gás. A luz daquela sobrepujou este, apresentando vantagens

---

*Levanta-te e anda!

indiscutíveis: é clara, é límpida, é inodora, é inócua. O gás, que até então imperava como o rei dos sistemas de iluminação, foi relegado a planos inferiores. A eletricidade, atualmente, é o sol de nossas noites.

Ora, se em matéria de luz artificial se verifica um progresso contínuo, sucedendo-se os sistemas numa ascensão para o melhor, não há de suceder o mesmo no que respeita à luz espiritual?

Iluminar o interior não será, acaso, um problema mais sério e mais importante que iluminar o exterior?

Espancar as trevas do cérebro e do coração não será trabalho mais valioso que espancar as trevas que nos envolvem por fora?

A noite da razão e da consciência não é mais tenebrosa, mais lúgubre e mais tétrica que a noite que sucede ao dia? A alvorada da mente esclarecida e liberta não encerrará algo de mais belo e empolgante que a alvorada anunciadora do dia que desponta?

O sol que ilumina, aquece e vivifica as almas não será mais majestoso que o Sol que ilumina, aquece e vivifica o corpo?

Como então descurar da conquista do melhor, no gênero de luz espiritual, se tudo fizemos para alcançar o melhor no gênero de luz material?

Se deixamos o azeite pelo petróleo, o petróleo pelo gás, e o gás pela eletricidade, por que então não fazer o mesmo com relação aos velhos e carcomidos dogmas que herdamos dos nossos antepassados?

Se nos despegamos dos candeeiros sem que saudades nos deixassem, por que não nos desprendermos também das superstições, dos falsos credos e da falsa fé?

Se o problema da iluminação exterior mereceu da parte do homem tanto esforço de inteligência e de raciocínio, como então desprezar o magno problema da iluminação interior?

Se tratamos de nos precatar contra as sombras da noite, antes que elas nos envolvam, como nos deixarmos ficar às escuras, mergulhados nas trevas densas da noite moral?

E que a noite moral cobre a Terra, como negro sudário, quem o contesta? Que a Humanidade tateia na tenebrosa escuridão da ignorância, do vício e do crime, quem ousará negá-lo?

Por que fazer tudo pela luz que perece, e nada, ou quase nada, pela luz que permanece?

Volvamos, portanto, nossas atenções para a luz espiritual. Busquemo-la com o interesse de quem tem fome e sede de verdade e de justiça, e seremos saciados.

Desvencilhemo-nos dos dogmas arcaicos, dos preconceitos, da crendice parva, das atitudes dúbias e hipócritas, das mentiras convencionais, e procuremos obter uma luz cada vez mais intensa, cada vez mais bela, cada vez mais brilhante, para iluminar os arcanos recônditos do nosso "eu".

Evolução

A vida é sempre vida seja qual for a forma através da qual se oculte. Já vivi como pedra, já vivi como planta, já vivi como homem, amanhã viverei como espírito, e, num futuro longínquo cuja época não me é dado precisar, viverei como vivem os anjos, os deuses.

Vim do pequeno, caminho para o grande. Meu passado é obscuro, meu futuro é brilhante. Sou imortal, porque uma chispa do fogo eterno palpita em mim. A primeira e mais substancial das provas de minha imortalidade está no fato de viver neste momento e saber que vivo. Se vivo agora é porque vivi outrora e viverei sempre. Se noutras épocas tive outro nome, pertenci a outras raças, habitei outros países, falei outros idiomas, que importa? Nesse tempo vivi tão certamente como vivo hoje. O meu ser pensou, sofreu, gozou, sentiu, amou, tal como faz atualmente. Perdi minha individualidade? Não, porque minha individualidade é o meu ser, o meu "eu", sede da minha inteligência, da minha razão, da minha consciência e dos meus sentimentos. Perdi, apenas, a personalidade, a forma, a aparência com que então me vesti.

Nesta mesma existência, a minha aparência já se transformou, já se modificou consideravelmente. Casos há em que os pais desconhecem os filhos quando ausentes por largo tempo, tais as mudanças operadas em seu físico. Basta que alguém permaneça vinte ou mesmo dez anos separado de nós para que notemos profundas alterações em seu exterior.

A vida cada vez se torna mais acentuada, mais positiva, mais viva mesmo, se tal expressão é permitida. A monera, considerada como a forma mais rudimentar da vida, já traz em si o cunho indelével da imortalidade: ela vive porque viveu, e viverá porque vive. Nada poderá destruir-lhe a essência.

A vida é a manifestação da vontade suprema de Deus. Ela é instável enquanto se apresenta sob aspectos materiais; é eterna quando, ressurgindo da carne, se perpetua no espírito.

Negar a imortalidade é negar a própria atualidade. Se eu vivo, como não viverei? Mas a morte? A morte: que é a morte? Se a morte tem poder para me destruir, para me aniquilar, como se explica eu ter morrido muitas vezes e não ter, contudo, sido aniquilado? Dirão os sábios da Terra que deliro? Pois bem, expliquem-me, então, como é que trago e conservo comigo os traços veementes do meu passado? Não são esses mesmos sábios que descobriram e verificaram vestígios da vida animal na vida humana? Que é a Evolução? Em que consiste, como se demonstra, senão pela fisiologia aliada à anatomia comparada?

Se é certo, pois, que a vida, passando pelas várias categorias de que se compõe a larga escala animal — do infusório ao homem —, não foi destruída apesar das incontáveis metamorfoses que suportou, metamorfoses a que denominamos morte, a imortalidade é um dogma incontestável, e a melhor prova que temos a aduzir em seu abono é o fato insofismável de vivermos no momento atual. Tudo o que vive, viveu e viverá. Morrer é passar de um estado a outro, é despir uma forma para revestir outra, subindo sempre de uma escola inferior para outra, imediatamente superior.

"Sede perfeitos como vosso Pai é perfeito." "Nascer, morrer, renascer ainda, progredir sempre, tal é a lei."

Salvar é educar

Salvar é educar. Jesus é mestre, e como tal veio ao mundo salvar a Humanidade promovendo a educação do espírito do homem.

Imaginar-se a obra da salvação separada da obra da educação é utopia dogmática incompatível com a época presente. Ser cristão não é uma questão de modo de crer: é uma questão de caráter. Não é o batismo, nem a filiação a qualquer Igreja que faz o cristão; é o caráter íntegro, firme e consolidado através de longo e porfiado trabalho de autoeducação.

"Vós sois o sal da terra" — disse Jesus aos seus discípulos. O característico inconfundível do sal é ser elemento incorruptível e preservador da corrupção.

A sociedade contemporânea necessita duma força purificadora que a levante da degradação e do caos em que se encontra. Essa força há de atuar de dentro para fora, do interior para o exterior, afinando os sentimentos, despertando a razão e a consciência dos homens. Uma verdadeira ressurreição espiritual: eis de que a Humanidade ora necessita. Tudo o mais são paliativos, são quimeras que jamais resolverão os graves problemas do momento atual.

O Cristianismo puro, tal como Jesus pregou e exemplificou, é a força, é o fermento que há de reformar a sociedade, agindo nos corações e nos lares. É do coração renovado, é do lar convertido em templo de luz e de amor que surgirá a aurora de uma nova vida para a Humanidade.

Fiel e infiel

Os verdadeiros fiéis não são aqueles que mais assiduamente frequentam esta ou aquela igreja, mas sim os que ajam conscienciosamente, de conformidade com seus íntimos sentimentos.

Ser infiel, por conseguinte, não é descrer deste ou daquele dogma ou princípio admitido como verdade, ainda mesmo que de fato o seja; ser infiel é mentir à sua consciência, é proceder em desacordo com seu foro íntimo.

Dentro das próprias igrejas, portanto, podem existir infiéis; da mesma sorte que há verdadeiros fiéis no meio dos incrédulos.

Estes últimos estão mais perto de Deus e de sua justiça que aqueles outros.

O nosso Deus

"O meu deus, o teu deus, o vosso deus e o deus deles" são todos falsos deuses. O *nosso* Deus é o único verdadeiro.

Os homens criam deuses ao sabor de suas conveniências, em vez de procurarem conhecer o eterno Deus, criador de todas as coisas, autor da vida, Pai da Humanidade.

Daí a origem do "meu deus, do teu deus, do vosso deus e do deus deles". Estes deuses parciais nada têm de comum com o Deus do Universo. Eles representam, na atualidade, os vestígios dos deuses pagãos, concepções mitológicas dos povos antigos. Estes, na impossibilidade de penetrarem os mistérios da vida e da Criação — mistérios que se acham intimamente ligados à existência de uma Inteligência suprema —, forjavam lendas e contos fantásticos para satisfazer, de tal modo, as justas interpelações que de todo o sempre se levantaram no interior do homem, pedindo solução para aqueles magnos problemas.

Semelhantes puerilidades, porém, já não se acomodam ao cérebro dos homens de nossos dias. É tempo de sacudir esses andrajos do passado, de abandonar as faixas da infância, e buscar conhecer, servir e amar o Deus verdadeiro, o Deus universal.

Para o caso, há já dois mil anos Jesus chamou a atenção da Humanidade. A oração por Ele recomendada aos seus discípulos principia com a seguinte sentença: "Pai *nosso* que estais nos Céus". Não é meu pai, nem teu pai, nem vosso pai: é Pai *nosso*.

Quando ressurgiu, aparecendo a Madalena, disse: "Não me toques. Ainda não subi para meu Pai e *vosso* Pai, para meu Deus e *vosso* Deus". (*João*, 20:17.) Ora, o que é meu e vosso não é meu, nem vosso: é *nosso*.

Instruindo nesse particular à Samaritana, o Mestre fez notar que o Deus verdadeiro não estava em Jerusalém, como pretendiam os judeus, tampouco estava em Samaria, como queriam os samaritanos; portanto, não se poderia adorá-lo ali nem acolá. Em seguida, acrescentou: "A hora vem e agora é, em que o verdadeiro Deus há de ser adorado em *espírito* e em *verdade*". (*João*, 4:23.) Em espírito: sem figura ou imagem que o represente. Em verdade: isento de concepções egoísticas, frutos das paixões humanas.

O deus dos judeus, como o deus dos samaritanos, como o deus dos sectários de hoje, são deuses imaginários que só existem para uma dessas facções: é o deus deles.

Só há um único e verdadeiro Deus: é o de todos, sem distinção de credos, partidos, escolas, filosofias e igrejas: é o *nosso* Deus, é o Pai *nosso* que está nos Céus, ao qual outrora se referiu Jesus Cristo.

Olhos bons e olhos maus

> *"Os teus olhos são a luz do teu corpo. Se não forem simples e bons, todo o teu corpo estará em trevas. Vê, pois, bem se a luz que em ti há, são trevas."*
>
> **(Mateus, 6:22 e 23.)**

Os olhos são a luz do corpo. É por meio deles que o homem se orienta e se guia, não só em seus passos como no juízo que faz das coisas. Se os olhos são bons, seus passos são acertados e seus juízos retos; se maus, seus passos são dúbios e seus juízos falhos, visto como tudo depende dessa circunstância capital.

Ora, é precisamente isso o que se observa. Os atos dos homens, a maneira de verem e julgarem as coisas estão sempre em relação direta com sua moral.

Assim como o corpo dispõe dos órgãos da vista para o plano físico, da mesma sorte a alma possui também órgãos visuais para o Plano Espiritual. E tais órgãos sofrem naturalmente a influência do progresso e da evolução que o espírito vai realizando através dos tempos.

É por isso que um mesmo fato pode ser julgado sob diferentes prismas.

As facetas de um mesmo acontecimento assumem proporções diversas consoante a natureza dos olhos espirituais que as observam.

Olhos há que só veem o lado mau dos homens e das coisas. São pessimistas e não podem deixar de o ser, porque é uma questão de defeito no aparelho. Por mais que se esforcem, a perspectiva que abrangem é tão acanhada que lhes não permite divisar além.

Daí o conduzirem-se, muitos, por veredas esconsas.

Daí a origem dos juízos temerários; das blasfêmias; da covardia moral que conduz ao suicídio; da indolência e desânimo que degradam e aviltam os caracteres.

Outros olhos existem que lobrigam sempre a parte sã, o prisma bom de tudo que observam — homens e coisas. Esses são otimistas. O poder visual de que se acham dotados desgasta o mal, interpenetra-o, objetivando divisar o bem que fatalmente há de existir, ainda que em afastadas etapas.

O mal é uma contingência: só o bem possui existência real e imperecível.

Mas nem todos os olhos se acham em condições de descobrir e confirmar este asserto. Não obstante, é uma verdade. Todos os homens têm uma qualidade boa qualquer. Mesmo aqueles assinalados com o terrível estigma de bandidos e celerados não deixam de ter, lá nos recônditos do coração, algo de puro e de belo. No meio das mais densas trevas, existe infalivelmente um ponto luminoso, uma réstia de luz.

E como não ser assim, se Deus palpita em todas as obras da Criação?

Léon Tolstoi legou-nos a seguinte fábula que se enquadra perfeitamente nas considerações que acabamos de bordar acerca deste assunto:

Jazia um cão morto, já em estado de decomposição, estendido sobre o pedrado de uma rua. Sobre aquele corpo, onde se banqueteavam os vermes, esvoaçava e zumbia um enxame de moscas.

Todos, que por ali passavam, levavam o lenço às narinas, deixando escapar, um tanto indignados, exclamações como estas: Que imundície! que asquerosidade! que podridão!

Eis que Jesus, transitando a seu turno por aquele local, volve seu doce olhar para as ruínas daquela forma animal que se decompunha, e diz: Pobre cão; que belos dentes tinha ele.

E foi assim que o Justo soube descobrir no meio da podridão alguma coisa, cuja pureza e frescor havia escapado às vistas dos demais.

É que os olhos dos justos são puros, e, por isso, só veem o bom e o belo, enquanto o dos ímpios, embaciados pela malícia, só distinguem o mal e o horrendo."

Consideremos, portanto, estas palavras do Mestre:

"Vê, pois, bem, se a luz que em ti há, são trevas".

Ricos e pobres

> *"E olhando Jesus para seus discípulos, disse: Bem-aventurados vós, os pobres, porque vosso é o Reino de Deus. Bem-aventurados vós, que agora tendes fome e chorais, porque sereis fartos e vos rireis.*
>
> *"Mas ai de vós, os ricos, porque já recebestes vossa consolação. Ai de vós, os que* agora *estais fartos; porque tereis fome. Ai de vós, os que* agora *rides! porque haveis de lamentar e chorar."*
>
> (Lucas, 6:20, 21, 24 e 25.)

Atentai bem, ó pobres e ricos de — *agora* — para os dizeres do Redentor. Este — *agora* — significa a existência presente que não é mais que um momento na eternidade da vida.

Vós, pobres e ricos de hoje, lembrai-vos de que vossa situação é efêmera: passará como passam e se sucedem as fases da Lua. Sois Espíritos encarnados submetidos a provas que vos cumpre vencer. Vossa Pátria é o Universo: sois os caminheiros eternos da estrada da Evolução.

Se sois pobres, fazei jus àquelas promessas de bem-aventurança, suportando a vossa pobreza com resignação e calma, aproveitando a situação em que vos encontrais para esmagar vosso orgulho e adoçar vosso caráter.

Se sois ricos, fugi das consequências daquela sentença, elevando vosso ideal acima das coisas mundanas. Não vos contenteis com a posse da fortuna, porque, do contrário, já tereis recebido vossa consolação. Procurai possuir certa casta de riqueza que o ladrão não rouba, a traça não rói e a morte não arrebata. Aproveitai os meios de que ora dispondes, para exercer a beneficência. Afrouxai os cordões de vossa bolsa. Combatei o egoísmo; ele é o vosso maior inimigo; instigando-vos a aumentar vossa fortuna na Terra, está cavando vossa ruína no Além.

Pobres: sede humildes e pacientes, sem baixezas nem vilanias.

Ricos: sede caritativos e bondosos, sem ostentações nem vaidades.

Pobres e ricos: lembrai-vos de que pobreza e riqueza são cadinhos por onde a Providência faz passar os Espíritos para os purificar e fazê-los, ao mesmo tempo, conhecerem-se a si próprios.

Sim, Deus bem vos conhece, ó pobres e ricos de *agora*, mas vós não vos conheceis. Haveis de saber quem sois e o que sois, após a prova passada. Tereis, então, de vos lamentar se sucumbirdes, e congratular-vos-eis em vosso íntimo, convosco próprios, se vencerdes.

Nem a pobreza nem a riqueza de per si conduzem à salvação ou à perdição; mas o modo como o pobre recebe a dor e o rico aufere o prazer, há de acarretar, noutra vida, esta ou aquela consequência.

Refleti, portanto, ó ricos e pobres de *agora*, para a maneira como recebeis a prova por que passais. O — *agora* — foge célere. Cada dia, cada hora, cada minuto que se escoa na ampulheta do tempo é um passo dado em demanda do termo desta jornada.

O bom senso

"Por que não ajuizais por vós mesmos daquilo que é justo?"

(Evangelho.)

"Tu, porém, guarda o bom senso em todas as coisas."

(Paulo a Timóteo.)

O pedreiro, no desempenho de seu labor, lança mão, a cada passo, do prumo e do nível. O navegante tem os olhos na bússola que lhe dirige a derrota. Manejando o leme, aparelho simples e de pouca aparência, os timoneiros imprimem direção, tanto aos barcos modestos como às grandes naus que singram a imensidade dos mares. Graças aos movimentos isócronos do pêndulo, os relógios marcam, com exatidão precisa, as mínimas frações do tempo.

Da mesma sorte, existe algo no homem que orienta seus passos, que determina a natureza de sua conduta, que regula suas palavras, que joeira seus pensamentos: é o bom senso.

Sem aquele predicado, tão modesto que qualquer pessoa o pode possuir, o homem é o pedreiro sem prumo e sem nível, é o barco sem leme, é o navegante sem bússola, é o regulador sem pêndulo.

O bom senso é que valoriza as qualidades do espírito. Onde não há bom senso, os mais preciosos predicados se desmerecem, os mais brilhantes dons se desluzem. É semelhante às vias férreas que valorizam todas as regiões por onde passam. Sem elas, que valor têm as terras, por mais férteis e produtivas que sejam? Do mesmo modo, que valor tem a inteligência, o saber e a erudição, sem uma dose, ao menos, de bom senso?

Que falta ao rico avarento que imobiliza sua fortuna, e ao rico perdulário que dissipa seus bens em rega-bofes e orgias? Um e outro carecem de bom senso.

Que representa a mais peregrina beleza feminina, refulgindo através da graça e do espírito, mas desacompanhada de bom senso? É fogo-fátuo, é fosforescência do mar: nada mais.

Tudo o que é em demasia, sobra; tudo o que é de menos, falta. Como achar o justo peso, a justa medida, a retidão, a equanimidade? Com o bom senso, *mas só com o bom senso*.

O critério em tudo se faz mister. Com ele, as coisas boas são mesmo boas; sem ele, as coisas boas e belas se desvirtuam e se deslustram. A mesma virtude, seja esta ou seja aquela, está na sua dependência. O trabalho — que é uma virtude — sem o bom senso torna-se infrutífero. Quanta gente há que moureja desde que o Sol se levanta, no Oriente, até que se põe, no Ocidente, sem que, de tanta faina, lhe advenha o desejado conforto material, o almejado sossego espiritual? Qual a causa do insucesso? A carência de bom senso no trabalho.

Por que há pessoas que ganham pouco e vivem bem, e outras ganham muito e vivem mal? É porque aquelas têm, e estas não têm o bom senso necessário para equilibrar a receita com a despesa.

A própria fé, despida de bom senso, ao invés de elevar o crente aos páramos da luz, precipita-o nas regiões confusas e ensombradas do fanatismo.

A capacidade de ajuizar e discernir com acerto o critério, o bom senso, em suma, é um predicado suscetível de ser desenvolvido como qualquer outro. Depende da autoeducação do nosso espírito. O que denominamos inteligência, razão, consciência, vontade, etc., não passa, em realidade, de manifestações do espírito. O espírito é tudo.

A religião do espírito, promovendo a obra de nossa autoeducação, desenvolve a inteligência, aclara a razão, afirma a vontade, aperfeiçoa a consciência e cria o bom senso.

O Espiritismo, restaurando o vero Cristianismo, é a religião do espírito.

Flammarion, apelidando Kardec de *bom senso encarnado*, falou como profeta.

Criaturas ou filhos de Deus?

> *"A todos que o receberam, aos que creem em seu nome, deu ele o direito de se tornarem filhos de Deus: os quais não nasceram do sangue, nem da vontade da carne, nem da vontade do homem, mas sim de Deus."*
>
> (João, 1:12 e 13.)

A qualidade de filho pressupõe a de herdeiro. Os filhos herdam dos pais; herdam em todo sentido: material e moral. Do físico, herdam traços fisionômicos que recordam a paternidade. Do moral — pela convivência; pelo exemplo e pela educação — herdam predicados e virtudes.

É por isso que certas crianças, logo à primeira vista, despertam na imaginação de quem as vê a lembrança dos seus pais. Nem sempre, convém notar, essa recordação é sugerida pelo plástico da criança, mas, particularmente, pela aura que a envolve. Essa aura, às vezes, acha-se tão em harmonia com o astral ascendente que a figura do pai como que aparece, numa cambiante, fundindo-se na figura do filho.

Segundo a palavra evangélica, o homem torna-se filho de Deus somente depois que aceita e põe em prática a moral divina revelada por Jesus Cristo. Antes disso, é criatura de Deus, ou seja, filho presuntivo apenas.

De fato, como ser filho sem ser herdeiro? Onde a herança paterna que testifique a filiação?

Deus é espírito, e em espírito e verdade deve ser procurado. Como pode, portanto, o homem ser filho de Deus sem que reflita a imagem espiritual do Pai? Como pode ser filho de Deus se ainda não herdou os predicados e atributos que exornam o caráter da Divindade? Como há de ser filho de Deus se não se vê Deus através da aura que o envolve?

Como há de o homem ser filho de Deus — que é puro espírito — se ele é todo animalidade, nada deixando transparecer de espiritual?

Em verdade, como acertadamente ensina o Evangelho, o homem só se tornará filho de Deus quando se decidir a acompanhar as pegadas de Jesus, quando se identificar com o Cristo, o Unigênito do Pai neste planeta.

A Lei e a Graça

> "*A Lei veio por Moisés, mas a verdade e a graça vieram por Jesus Cristo.*"
>
> (JOÃO, 1:17.)

Deus, na expansão do seu infinito amor ao serviço de sua inteligência, houve por bem servir-se de dois fatores para promover a evolução do nosso espírito: a Lei e a Graça.

A Lei está personificada em Moisés, a Graça em Jesus Cristo. A Lei é manifestação da justiça, a Graça é ação da misericórdia.

A Lei está expressa no Decálogo. Seu objetivo é responsabilizar o indivíduo. Antes de o homem conhecer o "não matarás", tirar a vida do seu semelhante era, para ele, ato normal. Do conhecimento daquele preceito veio a culpa, veio a responsabilidade pelo delito. Antes da Lei não havia pecado; a Lei foi promulgada para que o pecado abundasse, disse o apóstolo dos gentios.

A Lei, portanto, veio estabelecer os primeiros mandamentos da moral, mandamentos que os homens infringiam habitualmente sem compreenderem a gravidade de semelhante proceder.

Uma vez esclarecido pela Lei, cada vez que o homem peca, incorre em condenação. Outrora se imaginava que Deus punia os infratores da Lei intervindo diretamente. Hoje, sabemos que é por meio da mesma Lei, na parte que se denomina — causalidade —, que o delinquente vem a sofrer fatalmente o efeito do delito cometido. Em tal importa a ação da justiça exercendo-se através da Lei.

Ciente e consciente da origem dos seus sofrimentos, o homem começa a fugir do pecado, para escapar à dor, opondo as primeiras resistências ao impulso das paixões e aos arrastamentos viciosos da sua natureza inferior. De tal sorte, entra em plena atividade a Lei, um dos fatores da redenção, compelindo o homem à conquista dos elevados destinos que lhe foram reservados.

Mas isso não é bastante para ele galgar os páramos de luz, as cumeadas da evolução. Não basta abster-se do mal, é preciso fazer o bem para penetrarmos nos tabernáculos eternos. As virtudes negativas devem culminar nas virtudes positivas. Começa, então, a Graça, desempenhando-se da parte que lhe toca. Jesus Cristo é o introdutor da Graça no seio da Humanidade, como Moisés o fora da Lei.

Com a ressurreição do Cordeiro Imaculado, iniciou-se a época da Graça, cumprindo-se a profecia de Joel, citada por Pedro no dia de Pentecostes. A Igreja Triunfante enceta sua franca comunhão com a Igreja Militante. Um arco-íris de luz une os dois pólos: o terreno e o celestial. O Céu e a Terra estreitaram-se num amplexo que perdurará até a consumação dos séculos.

A influência do Consolador — designação que se reporta aos membros da Igreja Triunfante —, agindo diretamente nos corações, representa a Graça como agente destinado a incrementar, ou melhor, a completar a obra da salvação, iniciada pela Lei.

Uma vez sob o domínio da Graça, a Lei desaparece. Não fica invalidada: embebe-se na Graça. Daí o dizer de Paulo, anunciando o evento de Jesus ressuscitado: "A salvação é pela Graça".

O homem não se contenta mais com a atitude passiva. Ele quer subir, quer viver na Graça, quer saturar-se dela, não pode prescindir de sua magia. Tem fome e sede de justiça, de verdade, de luz. Seus esforços agora não se resumem em fugir do mal para escapar à dor; convergem para a prática do bem, para a aprendizagem da virtude. Ele entra no terreno positivo, olhos fixos em Cristo Jesus, acumulador e distribuidor da Graça.

A Lei, portanto, lança o embasamento do edifício. A Graça levanta as colunas, constrói, põe-lhe a cúpula. A Lei, em síntese, diz: "Não faças a outrem o que não desejas que os outros te façam". A Graça prescreve: "Faze aos outros tudo o que desejas que os outros te façam". Podemos estar na Lei e fora da Graça; mas não podemos estar na Graça, fora da Lei. A Graça encerra implicitamente a Lei, porém a Lei não abrange a Graça, faz os heróis e os mártires. A Lei mata o pecado, a Graça gera a virtude. A Lei faz o humano. A Graça surge onde começa o divino. A Lei prepara o homem para bem viver na Terra. A Graça ensina-lhe a alcançar o Céu. A Lei produz tipos como o Moço de Qualidade de que nos fala o Evangelho. A Graça engendra Paulo e Madalena. A Lei faz homens incapazes de iniquidades. A Graça faz os heróis e os mártires. A Lei desperta o raciocínio. A Graça faz vibrar as cordas mais íntimas do sentimento. Aquela fala à razão, esta ao coração. A Lei promete, a Graça dá. Uma gera a esperança, outra a fé. A Lei diz: Sai das trevas. A Graça diz: Vem para a Luz. A Lei desliga o homem do mundo. A Graça o arrebata para a Vida Eterna.

A Letra e o Espírito

"As palavras que vos tenho dito são espírito e são vida; o espírito é o que vivifica, a carne para nada aproveita."

(João, 6:63.)

O grande tribuno Antônio Vieira, fazendo, certa vez, apologia da alma e da imortalidade, teve esta feliz expressão: "Quereis saber o que é a alma? Vede um corpo sem ela".

De fato. Semelhante argumento vale, em sua simplicidade e singeleza, pela mais cabal demonstração. Que é o corpo sem alma? É cadáver, cadáver que dali a momentos se transformará em pasto de vermes. Não estão ali os órgãos? Não estão ali os membros? Não se acham ali todas as células de que se compõe o corpo? Por que não pensa aquela cabeça, aquele cérebro não raciocina, aquela boca não fala? Por que não ama aquele coração; nem aborrece? Por que não tem alegrias nem tristezas? Por que não brilham aqueles olhos, e aquele rosto não tem mais encanto? Tudo isso *simplesmente* porque a alma o abandonou.

A alma é a sede da vida. É ela que pensa, que sente, que imprime à matéria esta ou aquela forma, que dá ao rosto esta ou aquela expressão.

Este símile pode ser aplicado com muita justeza à letra, e seu respectivo espírito.

A lei é a manifestação gráfica da ideia, como a palavra é a sua manifestação verbal. A ideia é que vivifica a letra. Esta sem aquela é morta. A letra está para a ideia — que é seu espírito —, como o corpo está para a alma. Corpo sem alma é cadáver. A letra, sem o seu respectivo espírito, é um sinal vão, inexpressivo, morto.

O homem, depois de cadáver, perde tudo que o distinguia; é massa inerte que se pode transportar para onde se queira, que se pode vestir ou despir. Está por tudo, não tem vida; e onde não há vida, não há "querer".

É precisamente essa a condição da letra desacompanhada do seu espírito: é *cadáver*. Podemos dar-lhe a interpretação que melhor nos convenha, podemos vesti-la desta ou daquela roupagem, ou de todo despi-la se assim o entendermos. Ela nada diz, nada protesta, a tudo se submete, mesmo à satisfação dos caprichos mais extravagantes: *perinde ac cadaver*.

Quando, porém, a letra é mantida com o espírito que lhe é próprio, jamais podemos torcer-lhe a legítima interpretação sem incorrer em contradições que os fatos virão logo, fatalmente, demonstrar à luz de toda a evidência. E isto sucede porque é na ideia oculta através da forma que está a vida, a verdade revelada do Céu, essa rocha sobre a qual Jesus assentou os fundamentos da fé.

Eis aí a distinção entre as obras dos homens e a obra de Jesus Cristo. Os homens fundam sua política e suas religiões sobre dogmas intangíveis, dogmas que são montões de letras mortas, sem espírito, e, portanto, ineficazes para o fim a que pomposamente se dizem destinar.

Jesus Cristo levantou o templo majestoso da verdade sobre a ideia viva, sobre a manifestação inequívoca do espírito atuando fortemente sobre a consciência, sobre o cérebro e sobre o coração do homem, conduzindo-o à realização dos altos e gloriosos destinos que lhe serão reservados.

Cinzas

Quarta-feira de cinzas — tal se denomina o início da Quaresma.

Nesse dia, os fiéis às ordenanças papalinas devem comparecer ao templo a fim de receberem na testa uma cruz de cinza. Semelhante cerimônia, segundo a liturgia romana, quer dizer: "És pó, e em pó te hás de tornar".

O objeto deste símbolo é, como se vê, incutir no espírito dos simples a ideia da fragilidade do seu ser, da instabilidade da sua vida, da nenhuma importância da sua individualidade.

Cinza é pó, é "nada" que resta do que foi, mas já não é.

O homem é cinza, é pó, é nada. Não deve, portanto, ter vontade própria; não deve alimentar aspirações; não deve lutar contra as adversidades que o assediam nem contra os flagelos que o malsinam; não deve insurgir-se contra a Escolástica, embora ela venha patrocinando injustiças e sustentando inverdades; não deve revoltar-se contra os poderes estabelecidos, ainda que estes sejam imorais, corruptos e tiranos: eis, em resumo, o que quer dizer a Igreja na mística linguagem de sua liturgia.

O povo ignora tal interpretação, pois na liturgia romana como na diplomacia internacional, como em todo conúbio onde se concertam processos de exploração, as coisas apareceram com duas faces distintas: a esotérica e a exotérica, isto é, a privativa dos que exploram, e a divulgada aos que são explorados.

O ideal da Igreja é dominar o homem escravizando-lhe a razão e a consciência. Para atingir tal *desideratum* nada melhor que apoucar-lhe o ânimo, fazendo-o descrer de si mesmo e de suas energias, considerando-se *cinza* que o vento espalha.

Precisamente o inverso é o objetivo da verdadeira religião, da qual Jesus se fez o expoente. Ele disse aos seus discípulos: "Tende bom ânimo, eu venci o mundo". Tal expressão implica virtualmente a ideia de que seus discípulos deveriam também vencer como Ele venceu.

Disse mais: "Vós (seus discípulos) podeis fazer tudo que eu faço". "Pai, quero que eles sejam um comigo, como eu já sou um contigo."

Por essas palavras, como pela síntese da doutrina messiânica, verifica-se que o Mestre tinha em vista levantar o ânimo do homem, concitando-o à luta contra o mal, à porfia na conquista do bem, à disputa na aquisição da liberdade cada vez mais ampla e perfeita.

Jesus quer que o homem tenha fé em Deus, e também em suas próprias possibilidades. Visa a erguer a mente e o coração do homem, para redimi-lo. A Igreja aspira hoje, como sempre, a abater-lhe as energias, para o reduzir à condição de servo.

Não se pretende — na cerimônia da cinza — combater o orgulho e a vaidade humana. Se tal fosse o escopo do Romanismo, ver-se-ia certamente predominar nos costumes do seu alto clero a singeleza e a humildade, em lugar do requintado luxo, da soberba desmedida que o mesmo ostenta por toda a parte do mundo onde assenta o seu perigoso domínio.

Não somos cinza: somos seres imortais, fadados por Deus a gloriosos destinos; somos partículas da Divindade, fomos criados à sua mesma imagem e semelhança.

É tempo de despertar, ó vós que dormis. Deus quer o homem de busto ereto e cabeça levantada fitando o Céu. Quer filhos varonis, cientes do seu valor, capazes de lutar e vencer o pecado e as servidões.

Deus não quer covardes, ânimos abatidos, frontes cabisbaixas mirando o pó da terra.

Quem tiver ouvidos de ouvir, ouça.

O EVANGELHO NO LAR

Quando o ensinamento do Mestre vibra entre quatro paredes de um templo doméstico, os pequeninos sacrifícios tecem a felicidade comum.[1]

Quando entendemos a importância do estudo do Evangelho de Jesus, como diretriz ao aprimoramento moral, compreendemos que o primeiro local para esse estudo e vivência de seus ensinos é o próprio lar.

É no reduto doméstico, assim como fazia Jesus, no lar que o acolhia, a casa de Pedro, que as primeiras lições do Evangelho devem ser lidas, sentidas e vivenciadas.

O espírita compreende que sua missão no mundo principia no reduto doméstico, em sua casa, por meio do estudo do Evangelho de Jesus no Lar.

Então, como fazer?

Converse com todos que residem com você sobre a importância desse estudo, para que, em família, possam compreender melhor os ensinamentos cristãos, a partir de um momento de união fraterna, que se desenvolverá de maneira harmônica e respeitosa. Explique que as reflexões conjuntas acerca do Evangelho permitirão manter o ambiente da casa espiritualmente saneado, por meio de sentimentos e pensamentos elevados, favorecendo a presença e a influência de Mensageiros do Bem; explique, também, que esse momento facilitará, em sua residência, a recepção do amparo espiritual, já que auxilia na manutenção de elevado padrão vibratório no ambiente e em cada um que ali vive.

Convide sua família, quem mora com você, para participar. Se mora sozinho, defina para você esse momento precioso de estudo e reflexões. Lembre-se de que, espiritualmente, sempre estamos acompanhados.

Escolha, na semana, um dia e horário em que todos possam estar presentes.

O tempo médio para a realização do Evangelho no Lar costuma ser de trinta minutos.

---

[1] XAVIER, Francisco Cândido. *Luz no lar*. Por Espíritos diversos. 12. ed. 7. imp. Brasília: FEB, 2018. Cap. 1.

As crianças são bem-vindas e, se houver visitantes em casa, eles também podem ser convidados a participar. Se não forem espíritas, apenas explique a eles a finalidade e importância daquele momento.

O seguinte roteiro pode ser utilizado como sugestão:

1. Preparação: leitura de mensagem breve, sem comentários;
2. Início: prece simples e espontânea;
3. Leitura: *O evangelho segundo o espiritismo* (um ou dois itens, por estudo, desde o prefácio);
4. Comentários: breves, com a participação dos presentes, evidenciando o ensino moral aplicado às situações do dia a dia;
5. Vibrações: pela fraternidade, paz e pelo equilíbrio entre os povos; pelos governantes; pela vivência do Evangelho de Jesus em todos os lares; pelo próprio lar...
6. Pedidos: por amigos, parentes, pessoas que estão necessitando de ajuda...
7. Encerramento: prece simples, sincera, agradecendo a Deus, a Jesus, aos amigos espirituais.

As seguintes obras podem ser utilizadas nesse momento tão especial:

- *O evangelho segundo o espiritismo*, como obra básica;
- *Caminho, verdade e vida; Pão nosso; Vinha de luz; Fonte viva; Agenda cristã.*

Esse momento no lar não se trata de reunião mediúnica e, portanto, qualquer ideia advinda pela via da intuição deve permanecer como comentário geral, a ser dito de maneira simples, no momento oportuno.

No estudo do Evangelho de Jesus no Lar, a fé e a perseverança são diretrizes ao aprimoramento moral de todos os envolvidos.

LITERATURA ESPÍRITA

Em qualquer parte do mundo, é comum encontrar pessoas que se interessem por assuntos como imortalidade, comunicação com Espíritos, vida após a morte e reencarnação. A crescente popularidade desses temas pode ser avaliada com o sucesso de vários filmes, seriados, novelas e peças teatrais que incluem em seus roteiros conceitos ligados à Espiritualidade e à alma.

Cada vez mais, a imprensa evidencia a literatura espírita, cujas obras impressionam até mesmo grandes veículos de comunicação devido ao seu grande número de vendas. O principal motivo pela busca dos filmes e livros do gênero é simples: o Espiritismo consegue responder, de forma clara, perguntas que pairam sobre a Humanidade desde o princípio dos tempos. Quem somos nós? De onde viemos? Para onde vamos?

A literatura espírita apresenta argumentos fundamentados na razão, que acabam atraindo leitores de todas as idades. Os textos são trabalhados com afinco, apresentam boas histórias e informações coerentes, pois se baseiam em fatos reais.

Os ensinamentos espíritas trazem a mensagem consoladora de que existe vida após a morte, e essa é uma das melhores notícias que podemos receber quando temos entes queridos que já não habitam mais a Terra. As conquistas e os aprendizados adquiridos em vida sempre farão parte do nosso futuro e prosseguirão de forma ininterrupta por toda a jornada pessoal de cada um.

Divulgar o Espiritismo por meio da literatura é a principal missão da FEB, que, há mais de cem anos, seleciona conteúdos doutrinários de qualidade para espalhar a palavra e o ideal do Cristo por todo o mundo, rumo ao caminho da felicidade e plenitude.

CARIDADE: AMOR EM AÇÃO

SEDE BONS E CARIDOSOS: essa a chave que tendes em vossas mãos. Toda a eterna felicidade se contém nesse preceito: "Amai-vos uns aos outros". KARDEC, Allan. *O evangelho segundo o espiritismo*, cap. 13, it. 12.

A Federação Espírita Brasileira (FEB), em 20 de abril de 1890, iniciou sua *Assistência aos Necessitados* após sugestão de Polidoro Olavo de S. Thiago ao então presidente Francisco Dias da Cruz. Durante oitenta e sete anos, esse atendimento representava o trabalho de auxílio espiritual e material às pessoas que o buscavam na Instituição. Em 1977, esse serviço passou a chamar-se Departamento de Assistência Social (DAS), cujas atividades assistenciais nunca se interromperam.

Desde então, a FEB, por seu DAS, desenvolve ações socioassistenciais de proteção básica às famílias em situação de vulnerabilidade e risco socioeconômico. Fortalece os vínculos familiares por meio de auxílio material e orientação moral-doutrinária com vistas à promoção social e crescimento espiritual de crianças, jovens, adultos e idosos.

Seu trabalho alcança centenas de famílias. Doa enxovais para recém-nascidos, oferece refeições, cestas de alimentos, cursos para jovens, serviços de convivência e fortalecimento de vínculos para idosos e organiza doações de itens que são recebidos na Instituição e repassados a quem necessitar.

Essas atividades são organizadas pelas equipes do DAS e apoiadas com recursos financeiros da Instituição, dos frequentadores da Casa e por meio de doações recebidas, num grande exemplo de união e solidariedade.

Seja sócio-contribuinte da FEB, adquira suas obras e estará colaborando com o seu Departamento de Assistência Social.

FEB editora
Livro espírita para um novo mundo
www.febeditora.com.br
@febeditoraoficial
@febeditora

Conselho Editorial:
Carlos Roberto Campetti
Cirne Ferreira de Araújo
Evandro Noleto Bezerra
Geraldo Campetti Sobrinho – Coord. Editorial
Jorge Godinho Barreto Nery – Presidente
Maria de Lourdes Pereira de Oliveira
Miriam Lúcia Herrera Masotti Dusi

Produção Editorial:
Elizabete de Jesus Moreira

Capa:
Agadyr Torres Pereira

Projeto Gráfico:
Dimmer Comunicações Integradas

Normalização Técnica:
Biblioteca de Obras Raras e Documentos Patrimoniais do Livro

Esta edição foi impressa no sistema de Impressão pequenas tiragens, todos em formato fechado de 140x210 mm e com mancha de 100x170 mm. Os papéis utilizados foram o Off white 80 g/m² para o miolo e o Cartão 250 g/m² para a capa. O texto principal foi composto em Minion Pro 12/15 e os títulos em Stone Serif 24/36. Impresso no Brasil. *Presita em Brazilo.*